你的船

The company is your ship

船锚是不怕埋没自己的。

当人们看不见它的时候，
正是它在为人类服务的时候。
——(俄)普列汉诺夫

沛霖·泓露 著

图书在版编目（CIP）数据

公司是你的船 / 沛霖·泓露著. -- 北京 : 中国商业出版社，2017.5

ISBN 978-7-5044-9725-3

Ⅰ. ①公… Ⅱ. ①沛… Ⅲ. ①企业－职工－职业道德 Ⅳ. ①F272.92

中国版本图书馆CIP数据核字(2017)第031586号

责任编辑：姜丽君

中国商业出版社出版发行

010-63180647　　www. c_cbook. com

(100053　北京广安门内报国寺1号)

新华书店经销

永清县晔盛亚胶印有限公司

*

720×1000毫米　16开　16印张　200千字

2017年6月第1版　　2017年6月第1次印刷

定价：38.00元

* * * *

前 言

你知道，为什么那么多人整日忙忙碌碌，却终无所获吗？你知道，为什么有些人难以得到老板的欢心，长期坐冷板凳吗？你知道，为什么有些人才能平平而工作却一帆风顺，深受上司器重吗？你知道，很多人为什么年纪轻轻就当上主管、副总，成为老板不可缺少的左膀右臂吗？

关键的一点就是：公司是否需要你？

那么，如何才能让公司需要你呢？这需要我们有一种为公司着想的工作态度，这种态度代表了积极主动、敬业、勤奋等优秀的职业精神。这种精神正是作为一个优秀员工所具备的品质。一个时时处处为公司着想的员工才是企业最需要的员工，才是真正优秀的员工。

也许有些人会说："公司又不是我的，我也不是老板，我一个小小职员为什么要为公司着想？"

还有人说："总是说要为公司着想，可是什么时候公司为员工着想过啊！"

抱有这种想法的员工，从根本上就没有搞清楚工作的意义，不懂得工作的目的何在，他们偏见地认为老板与员工永远处于对立的位置，二者永远都不可能达成统一。其实，一个公司犹如一艘航行在大海上的船，在这艘船上，所有的人都有一个共同的目标——驶向目的地。因此，不管是老板还是员工都担负着相同的责任，都必须为相同的目标而团结协作。二者的利益都是相同的，惟一不同的只有二者的分工不同。老板就像船长，负责大局；员工则是船员，配合船长完成工作。因此，不为公司着想的员工其实是在间接地损害自己的利益，他不仅是对公司的不负责，也是对自己的不负责。

在如今这个竞争日益激烈的时代，要想在职场中胜人一筹，立于不败之地，并不是一件容易的事。在工作中，除了要踏踏实实地做好本职工作之外，还要学会如何使自己成为一个优秀的职业人。优秀并非单单指的是勤奋、敬业、责任心等，更重要的还要有一种为公司着想的主人翁精神，要像老板那样为公司着想，多替公司考虑问题；多为公司的发展、壮大出谋划策；积极主动地去工作；对老板所吩咐的任务能够独立完成；在工作中遇到困难不退缩，能够勇敢地迎着困难而上；在公司遭遇困难时，能够坚强地与公司站到一起，并肩作战。

如果你能够做到以上这些，那么，相信没有一个老板不对你欣赏有加，你的事业也一定能得到长足的发展。

本书选取职场精英的诸多案例，从多个角度深度阐述了如何为公司着想，如何做一名优秀的职业人，如何让公司离不开你。它不仅从老板的角度告诉员工应该如何去做，更从个人职业发展的层面上进行了深度挖掘。因此，它不仅可以作为企业员工培训的读本，加强员工对公司的认可度和归宿感，增强对公司的责任心；同时，它也是指导所有职场人士工作的读本。特别是对那些初入职场和职业发展遇到瓶颈的人来说，更是一本非常合适的职场指南。

目　录

第一章　以公司为荣

信誉犹如生命一样重要，对于一个公司如此，对于一个人更是如此。所以，作为员工就要时刻学会维护自己的信誉，维护公司的信誉。做事先做人，一个没有信誉的员工就一定不是一个敬业的员工，也不是一个忠诚的员工。如果外界条件合适，这种不讲信誉的员工就会立刻放弃原则，泄漏公司机密，背叛公司。

第二章　为公司努力工作

一个成功的员工不在于他能为公司做什么，而在于他能为公司多做些什么。如果一个人总是把自己的工作局限于本职工作，而不去挖掘和开拓更多、更宽广的工作范畴，那就只会让他慢慢失去工作热情，并且一直得不到提高，因为他总是把目标定位成“及格”，而不是“优秀”。

第三章　与公司共命运

公司是我们事业的船，我们每一个人都是这条船上的船员，肩负着相同的使命。如果说老板是船长，那么员工就是船员。只有船长而无船员的船是一具空壳，而只有船员而无船长的船则会迷失方向；只有二者配合，才能顺利地在充满危险的大海上航行。

第四章　与公司同风雨

在关键时刻，与老板同风雨是一种不菲的感情投资。这种感情投资会让老板记住你曾是他的恩人，有良知的人会在心里记得你曾对他的帮助，并且会在适当的时候予以回报。因此，不要在你的老板危难时临阵脱逃，要懂得付出必有回报，要懂得用你的力量与你的老板并肩作战。如果你真诚地付出了，那么任何一个老板都会深深感激你。困难时你帮了你的老板，那么当他从困难中走出后，他一定会重用你，助你走向事业的成功之路。

第五章　坚守我的责任

积极主动是一种对工作负责的态度，这种态度使员工能够创造性地工作，而不是被动、机械地应付差事。一个人最关键的不是缺少知识和能力，而是缺少积极主动的心态。一个没有主动精神的人，工作对他们来说只是一件可以养家糊口的工具、一种生存的手段而已，甚至成了一种负担、一种累赘。

第六章　忠诚于你的公司

工作没有高低贵贱之分，只要用心去做，任何一份工作都有发展的前途。许多员工整天浑浑噩噩地工作，缺乏创造性、积极性，抱怨待遇不好、工作环境不好等，却从不在自己身上找原因。如果你也能像邮差弗雷德那样用心地工作，在工作中加入自己的创意和热情，那么，你肯定能做出一番不错的成绩来。

第七章 付出最激情的行动

工作上追求完美是一个人成功的必要前提，永远对自己的成绩不满足，永远追求最好，总是对自己说："我离完美还差很多。"如果你能永远这样要求自己，你就能一直保持高昂的工作热情，督促自己永远向着更高的目标奋进。

第八章 超越工作岗位

对于我们所从事的工作，我们应当抱着积极的态度去做，不要有任何抱怨，这样才能做得更好。诚然，对于工作，我们难免会觉得厌倦，但若总是陷在抱怨中无法自拔，只能让自己的境况越来越糟。失去工作的激情，只会让人感到工作是一种负担，一种折磨。安德鲁·卡耐基曾说："如果一个人不能从工作中发现出'罗曼蒂克'来，那么他要做出一番成绩简直是不可能的事。"

第一章
以公司为荣

信誉犹如生命一样重要，对于一个公司如此，对于一个人更是如此。所以，作为员工就要时刻学会维护自己的信誉，维护公司的信誉。做事先做人，一个没有信誉的员工就一定不是一个敬业的员工，也不是一个忠诚的员工。如果外界条件合适，这种不讲信誉的员工就会立刻放弃原则，泄漏公司机密，背叛公司。

公司的荣誉高于一切

一个没有荣誉感的团队不是一个成功的团队，一个没有荣誉感的员工不是一个优秀的员工。作为公司的一员，你有责任维护公司的荣誉。这样的员工才能真正被老板所重视。

美国西点军校一向注重军人荣誉感的培养，他们将荣誉感列入军人守则里，在《荣誉准则》里有这样的一句话："每个人都不准说谎、欺骗，做有损西点的事。"

那么，西点是如何训练军人的荣誉感的呢？在西点，每个学员都必须牢记所有的军阶、徽章、肩章、奖章的样式和区别，记住它们所代表的意义，而且还要求记住属于自己使用的军用物资的准确数目，甚至连校园蓄水量有多少升都要清楚。这样的训练能增强他们的荣誉感，让他们懂得荣誉高于一切。

军人的荣誉就是他们的生命，他们视荣誉为生命，他们最无法容忍的就是损害荣誉的行为。在公司里也一样，所有员工都有义务维护公司的荣誉，不做有损公司荣誉的事。如果一个员工没有荣誉感，那么他就无法把公司的利益放在首位，从而认真工作，杜绝差错。

有一个人曾经在希尔顿酒店住宿。早上他打开门，看到走廊里的服务员正好从这里路过。服务员说："早上好，爱德华先生。"

"他怎么知道我的名字的，我好像没有告诉过他啊！"爱德华心想，于是他当即就问这个服务员："你怎么知道我叫爱德华？"服务员回答："我们酒店规定服务员必须知道每个房间客人的名字。"

接下来，在吃早餐的时候，这位服务员送来一盒点心。爱德华从没吃过这样的点心，于是问服务员："这上面红色的东西是什么？"服务员看了一眼，后退一步，才开始回答他的问题。

这个服务员为什么要后退一步才能说话呢？原来这是为了避免她说话时唾液溅到客人的菜上。

不知道大家是否注意过这个现象：我们平时在饭店吃饭时，有多少服务员做到了这一点呢？有多少服务员能够在跟你打招呼时叫出你的名字呢？也许你认为这是件微不足道的事，但就是这些看起来微小的事，却体现了一个深刻的道理，那就是以团体利益为重的荣誉感。如果这个服务员没有一种以希尔顿酒店为荣的荣誉感，那么她就不会表现得如此尽心尽职。

是否具有荣誉感是判定一个员工能否成为优秀员工的关键，只有具有荣誉感才能真正把团体的利益放在第一位，时刻以团体为重，顾全大局。这样的员工是公司所需要的最优秀的员工。具有荣誉感的员工能够积极主动、自动自发地工作，在他们心中，积极努力地工作是维护公司荣誉的最好方法。一个心中没有荣誉感，不能认识到荣誉对公司、对自己、对工作的意义的人，又怎么能指望这样的员工去争取荣誉、创造荣誉呢？

我们不能将工作的意义纯粹理解成一种养家糊口的工具，我们工作的目的不只是为了生存，更是为了追求一种认同感、荣誉感。当你获得荣誉，你就能真正感受到工作的崇高意义，它会带给你最大的快乐和满足。因此，努力工作，争取荣誉、捍卫荣誉、保持荣誉便是工作的最大意义。在这个过程中，我们个人的能力也得到了提高。

一个没有荣誉感的员工无法体会工作的崇高，他们把工作当成一种苦役，一种不得不做的劳役，他们在工作中发现不了快乐和意义，也就难以获得那份崇高的荣誉感。

严守公司机密

每一个公司都有自己的商业机密，这是一个公司生存和发展的重要保障。一个不能严守公司机密的员工绝对不是一个好员工。因为他们危害了公司的利益，没有为公司着想，或者只为自己的利益考虑，这样的员工势必不会得到老板的认可和欣赏，也就很难在事业的道路上走得顺利。

商场如战场，机密就是武器，就是财富。只有严格守住机密才能获得胜利，所以每一个企业都非常重视机密的重要性。作为员工，必须严守公司机密，这是为公司着想，也是为自己着想。

有的人为了自己的私人利益，偷偷地将公司的机密泄露出去，这样的人虽然能得到暂时的利益，但也会因此失去更重要的部分——这份工作，他们用一份工作换取暂时的利益，因小失大，是件不划算的事。

小王是一家知名企业的技术部经理，他口才极好，且办事认真、果断，很受老板的器重。公司规模越来越大，效益越来越好，小王的前途也一片光明。如果小王一直这样干下去，那么未来的发展空间必定不可限量。

然而，许多事情往往无法预料。一天，一位多年的好友请他到酒吧喝酒。推杯换盏之后，两个人都有了些醉意。借着酒劲儿，这位朋友对小王说："我想请你帮个忙。"这位朋友接着说，"你知道我工作了这么多年，好不容易做到了现在公司主管的位子，所以我很珍惜这个工作，无论如何都要把这份工作做好。” 小王不知这位朋友说这番话是什么意思，他接过对方的话头说道：“是啊，不管怎样都要将工作做好。那么你有什么难处需要我帮忙呢？”这个朋友接下来说：“最近我们公司正在和你们公司洽谈一个合作项目，老板说如果你能把这个项目相关的技术资料提供给我们公司一份，我们不会亏待你的。”

“什么，你让我泄露公司机密？”小王显露出非常为难的表情，接下来他非常坚决地说：“绝对不能，我绝对不能帮你这个忙。”

小王的朋友此时将一大杯酒倒进肚里，一脸悲壮地说：“这对我来说是个非常重要的任务，如果办不好，我这份工作就不可能做下去了。”

念在昔日好友的份上，小王此时不知所措，他想解释点什么，但又不知说什么好。

这时，他的朋友压低声音说：“我们老板说了，如果你肯帮这个忙，我们公司会给你一笔不菲的报酬——15万元。你看如何？而且，我们整个公司都会为这件事情保密，对你不会有一点儿影响。”说着，朋友就把15万元的支票放在小王面前。小王看着这张数额巨大的支票，便忍受不住诱惑，最终将这张支票装进了口袋。

之后小王所在的公司在谈判中处于被动的地位，公司因此受到了很大损失。事后，公司查出原来是小王背地里出卖了公司机密，老板找到小王狠狠骂了他一通，而后辞退了他。这时，小王才恍然大悟，他没想到自己一时的失足竟然换来了如此沉重的代价，本来他前途一片光明，大展鸿图的时机就要来了，却因为这件事丢掉了饭碗，而且那15万元也被公司追回以赔偿损失。小王万分懊悔，但为时已晚。之后，因为许多公司知道了这件事，谁也不愿意用他。

为了自己的私利而泄露公司的机密，这是职场中最不能被原谅的一件事，也是任何一家公司都无法容忍的事。泄漏公司机密是一种背叛公司、背叛自己的行为，是一种不道德的行为。这种行为给他人造成损失，同时也给自己的职业生涯留下污点，给自己今后的事业笼罩上一层难以抹去的阴影。

人的一生要面对很多诱惑，如果我们不能经得起诱惑，轻易放弃自己的原则，就会既危害别人的利益，也给自己的名誉造成巨大损失。工作中，严守公司机密是作为一个员工所必须具有的最基本的职业道德，它代表了你对公司的忠诚和负责。严守公司机密，既是在维护公司利益，也是在维护你自己的利益，因为任何一个员工都是公司的一分子，你的所获有赖于公司这个平台，如果公司这个主体遭受了巨大损失，那么你也无法得到更多的收获。

身在职场，我们要时刻以公司的大局利益为重，不可玩忽职守，轻易泄漏公司的机密。对于公司的大小事情，都要学会守口如瓶，不该说的不说，谨守自己的职责，这样的员工才堪称优秀的员工。

作为一名员工，你要时刻牢记自己的角色，你要为公司争取利益，而不是为自己。只有公司“发达”了，你才会跟着“发达”，千万不能越位。

也许面对外界美好的诱惑时，我们都难以抵挡。但是此时，只要我们谨记自己的职责，站到公司的立场考虑问题，坚决维护公司的利益，想想说出机密后可能要面对的惩罚和后果，就能打消那个可怕的想法，让自己赶紧收手，避免犯错。在这一点上，我们不妨借鉴一下美国第26届总统罗斯福是如何巧妙地处理这个问题的。

罗斯福曾经就任美国海军助理部长，对国家海军方面的机密很清楚。但他一直严守机密，从不泄漏，就是对最好的朋友也绝不透露半个字眼。有一天，他多年的好朋友来拜访他，聊天时罗斯福从中听出朋友想要打探一个军事机密，他立刻警觉起来。果然，朋友问他海军在加勒比海一个岛屿建立基地的事。这位朋友说："我是你最好的朋友，我想你应该相信我绝不会对第三个人说。你只要告诉我有关基地的传闻是否确有其事就行。"

罗斯福早就想好了对付这个朋友的对策，他首先告诉自己绝不能心软，但是既然是最好的朋友，如果很直接地回绝，恐怕有损朋友脸面，怎么办呢？

只见罗斯福很神秘地望了望四周，压低嗓音向朋友问道："你能对不便外传的事保守秘密吗？""能！"好友为了尽快让他说出来，连忙答道。"那好！"罗斯福微笑着说，"我也能！"

他的朋友好久才反应过来他所说的话，但也无话可说，只能怏怏而去。

自古以来，保守秘密一直都是做人的重要准则，这是对他人的一种尊重，也是对自己的尊重，它体现了一个人高尚的道德情操。一个不懂得保守别人秘密的人是一个不懂得尊重别人的人，你不替别人保守秘密，那么别人也不会为你保守秘密。这样一来，秘密就会一传十，十传百，闹得人人皆知，根本就没有所谓的秘密可言，诚信也便不复存在。

现在的时代诱惑颇多，人们很容易背叛自己的忠诚和良心而出卖别人，因此，能够守护忠诚的人就显得更加可贵。诚然，坚持自己的忠诚需要勇气，需要有抵抗诱惑的坚强决心，并能经得住考验。在一个公司里，如果你是那个忠诚的员工，那么可以肯定，你就是老板最信任、最欣赏的员工。这样的员工也是最能获得较大发展前途的员工。

信誉重于一切

松下幸之助曾说："如果你犯了一个诚实的错误，公司可以宽恕你，并把它作为一笔学费。但如果你背离了公司的精神价值，就会受到严厉的批评甚至解雇。"

能否维护公司的信誉就体现了你是否背离了公司的精神价值。

一个公司的信誉就是一个公司的生命，信誉代表了公司良好的口碑，是一个公司整体形象的标签。一个没有信誉的公司想要在如今的市场中立足是很难的，一个企业一旦在消费者或客户中确立了良好的信誉，会给企业带来巨大的效益。所以作为公司的一员就要时刻维护公司的信誉，不做有损公司信誉的事。

美国的电视媒体在播放肯塔基炸鸡连锁店(在中国叫"肯德基")的广告时，有一句广告词："柯勒烈给我们什么，我们就吃什么。"为什么美国人如此信任柯勒烈呢？这是因为他创建的这家公司的信誉已经赢得了多数人的认可。

该公司设立有"白手套奖"，以奖给那些卫生做得最好的店面。这个牌子上写着本店是全国最干净卫生的商店。从此，它便成了该店信誉的证明。

这个"白手套奖"说明了肯塔基炸鸡连锁店对顾客的承诺，它代表着一种信誉。"在食品行业，没有比信誉更重要的了。"肯塔基炸鸡连锁店的总裁詹姆斯·威利说，"这是我们对顾客应负的责任。颁发这个奖的目的就是要鼓舞全国所有的肯塔基炸鸡连锁店成为公认的当地最干净的食品店。”

得到这个“白手套奖”并不是件容易的事，每一家报名的肯塔基炸鸡店必须接受两次严格的卫生检查，每次卫生程度都要在95%以上。有些样品还要拿到独立的实验室去化验，以决定细菌的含量。这个卫生检查是总公司的地区代表进行定期检查的，目的就是确保它们一直保持最严格的卫生标准，要时刻维护公司流传下来的良好信誉。

不仅有定期的卫生检查，平时也一直关注卫生问题。不仅要保证食品绝对安全可靠，而且所有的餐具都用消毒液消毒，就连桌子、玻璃、卫生间也都每天消毒。所以，到这里来用餐的顾客都无须担心食品的卫生问题。

信誉犹如生命一样重要，对于一个公司如此，对于一个人更是如此。所以，作为员工就要时刻学会维护自己的信誉，维护公司的信誉。做事先做人，一个没有信誉的员工就一定不是一个敬业的员工，也不是一个忠诚的员工。如果外界条件合适，那些不讲信誉的员工就会立刻放弃原则，泄漏公司机密，背叛公司。

信誉对一个人很重要，对一个公司也同样重要。它是公司的生命和灵魂，是最直接而有效的竞争手段。它看不见，摸不着，但它却具有无形的力量，它甚至决定着一个公司的兴亡。它是一笔无形资产，能够促进经济快速增长和道德的凝聚力。美国经济学家凡勃伦说：“公司的无形资产有时甚至比有形资产的意义更加重要。在资本价值中，资本价值的核心不是工厂的成本，而是公司的商誉。”一个视信誉为生命的公司必定是一个成功的公司，也是一个效益良好的公司。

15世纪，探险成为当时的热点潮流。当时，荷兰的几个水手为了寻找一条通往中国和东印度群岛的航线，组织了一次大规模的探险活动。有些商人就想利用这个时机换取一批中国的货物，于是他们准备了一些东西，以和中国进行贸易交换。

当他们到达北冰洋时，夏季已经结束，紧接着便是严寒的冬天了。他们的船只被冰冻在冰面上，无法前进。因此，全体水手不得不登陆，他们在岛上修建了木屋，准备等冬天过去之后再出发。

气候越来越冷，食物也越来越少，这时有些水手支撑不下去，就倒下了。但是他们从来没有想过要打开那批送到中国进行交换的货物，那里面有御寒的衣服和充饥的食物，可他们谁也不去享用，他们一定要将这批货物拿去中国进行交换，不然将失去信誉。

严寒的冬天终于过去了，他们终于从死亡线上逃了回来。这时，人员减少了三分之一，但是那批货物却依然完好无缺，他们时刻都没有忘记商人托付给他们的任务。

终于，他们到达了中国，用这批货物换来了很多中国商品。接下来，他们又一路艰险，冒死探险归来。此时，船员只剩下原来的一半。当伤痕累累的水手把这批货物完整地交给商人时，他们都感动万分称赞水手们有着至高无上的信誉，是荷兰人的骄傲。他们亲自做了一面锦旗，送给这些水手，上面写着几个大字："信誉无价"。

这些水手都是普通人，但是他们身上却有着最可贵的信誉，他们能够在危险的环境下冲破重重险阻，誓死保护这批货物，兑现当初的承诺。

商业上需要讲信誉，只有讲信誉的商人才能有做不完的生意；生活中需要讲信誉，只有讲信誉才能让人信任你，受到他人的欢迎；职场上要讲信誉，只有讲信誉的员工才能永不失业，有一个好前程。信誉永远是一个人生活和事业的通行证，它代表了一种忠诚和正直的美德，是每一个人都应该具有的成功品质。

做个遵守纪律的好员工

古语说：家有家法，邦有邦规。没有规矩，不成方圆。为了保证一个团队有凝聚力，就必须制定相应的规章制度，这样才能约束每个人的行为，从而提高工作效率。

巴顿将军是美国历史上有名的四星上将，他对部属的要求严格是出了名的，他曾经说过："纪律是保证部队战斗力的重要因素，也是士兵发挥最大潜力的基本保障。所以，纪律应该是根深蒂固的，它甚至比战斗的激烈程度和死亡的可怕性还要强烈。"

他的这句话不是没有根据的。1943年，英美盟军遭到绰号叫"沙漠之狐"的隆美尔元帅率领的德军反击，美军遭到惨败，一时之间陷入了困境。这个时候，乔治·巴顿将军临危受命，到第二特种部队任司令官。此时的巴顿将军已经年逾50岁，但他依旧雄心勃勃，他带着铁的纪律走马上任了。

一上任他就制定了严格的纪律：官兵必须着装整齐，伙房必须准时开饭，严禁带女人裸体画进军营。同时，他还制定了极严格的训练计划。他总是这样告诫部下："假如你不执行和维护纪律，你就是潜在的杀人犯。"在部队的着装问题上他尤为重视。巴顿将军认为，着装问题体现了一个部队的风貌和战斗力。因此，他要求不论是平时还是战斗期间，每一个人都要保持一种"标准的军人姿态"：胡子刮得干干净净、戴好钢盔、系好领带、打好绑腿、皮靴必须擦得铮亮。经过这些雷厉风行的整顿，整个部队的面貌焕然一新，所有的官兵都一扫悲观畏战的情绪，成为一支纪律严明、骁勇善战的部队。

巴顿将军曾说：“战斗中死亡是难免的，但是，没有必要因为某些愚蠢的王八蛋不胜任工作，毛手毛脚而增加尸体。我不能容忍我的司令部里有这样的人。”

也许巴顿将军的严厉令很多士兵无法理解，但是每次战斗的结果都证明了他严格的纪律所带来的巨大效果。每一个参观过巴顿部队的人，都能感受到他们纪律的严明和制度的严格。

“令严方可以肃兵威，命重始足于整纲纪。”严格的纪律对于一个部队来说是它取胜的保障，其实，对于任何一个团队来说也是如此。严明的纪律能规范团队中个体的行为，使他们避免犯错，增强团队的凝聚力，使团队的每一个成员都能朝着一个方向前进，而不至于偏离目标，犯下错误。

在工作中，你要时刻遵守公司的纪律，使自己的言行时刻符合公司的规章制度。如果公司规定上班时间是八点，而你偏偏九点来，那么你就违反了公司的纪律。一个时常违反公司纪律的人势必无法得到老板的欣赏，因为如此一来他就给老板留下了责任心不强、工作怠慢、“不服从管理”的印象，也就难以获得较高的发展。

大学生露西毕业后到一家大型传媒公司工作，这家公司的制度非常严格，甚至规定了员工的着装。在公司制度上是这样写的：员工不得穿戴暴露，不准穿休闲短裤、拖鞋，不准留长发、浓妆艳抹。

其他的员工都是老老实实地遵守，只有露西置若罔闻，我行我素。她认为：“我只要将工作做好就行了，至于穿衣服是我个人的事，与公司无关。”的确，从工作上来说，露西是一个有能力和才华的员工，但她却是一个不遵守公司纪律的员工。

不久，老板找到她，劝告她要注意自己的着装，否则会影响公司的形象。露西不但不听，反而变本加厉。老板得知后，坚决辞退了她。露西此时后悔莫及，她委屈地对老板说：“我一直觉得在公司里做好工作就行了，穿衣打扮是个人的事，没想到却违反了公司的规定。”老板说道：“如果你能及时醒悟就不会到今天这个地步了！”

员工在公司工作就是公司的一员，因此他的任何言谈举止都代表了公司的形象，都能在一定程度上折射出公司的方方面面。一个不遵守公司纪律的员工，哪怕工作做得再好，也从一个侧面体现了他自由散漫的性格，而这种性格对工作是极为不利的。

人人渴望自由，但是自由是相对的，绝对的自由是不存在的，因此那些不遵守纪律的员工实际上是不服从公司管理的表现，一个不服从的员工很难得到老板的喜欢。遵守纪律是一个人事业成功的保证。一个员工只有时刻遵守纪律，才能得到老板的信任，才能在一个企业里获得长足的发展。

作为员工，如果能够遵守公司的纪律，时刻按照公司的规定做事，就已经成功了一半。一个做事没有规矩和尺度的人，想要成功显然是不可能的。

不管你所从事的是什么样的工作，都要时刻谨记遵守公司的纪律，服从公司的规定，这样才能在事业的道路上顺利前行。

保持工作的激情

什么是激情？激情是一种强大的力量，它是一切事情成功的动力。舞台上，演员们灵动的舞姿和动人的表演就是激情；赛场上，运动员奋力拼搏的身影、流淌的汗水就是激情；讲台上，教师滔滔不绝、慷慨激昂的陈述就是激情。

没有激情，想要成功几乎是不可能的。因为一个没有激情的人往往缺乏做事的动力，工作起来就会觉得乏味、厌倦，这样做事的效率就低，也就很难走向成功了。

拥有激情的人无论做什么事都活力四射，不管工作多累多苦，都乐此不疲，都能永远保持奋发向上的力量和热情。

是否拥有激情是一个人能否成功的关键，也是最重要的前提条件。成功=人力资本+工作中的激情+工作能力。从心理学的角度来讲，如果一个人的内心充满激情，那么他肯定精神振奋、精力充沛、自信刚强，不管遇到多大的困难都绝不屈服，相反还能鼓足勇气，迎难而上。

理查德·巴赫有一部小说《海鸥乔纳森》，讲述的是一只不平凡的海鸥的故事：这只海鸥同其他海鸥一样，凭借飞翔寻找食物，但是它却认为它的一生中最重要的不是食物，而是飞翔。它把飞翔定义成自己一生的理想，永不放弃。它不是把飞翔仅仅当成生存的工具，而是为了飞翔本身的纯粹的快乐！

这只海鸥不甘心只在沙滩上抢食小鱼虾、面包屑，他对那种“来到这个世界就是为了吃，并且想方设法延长寿命”的想法嗤之以鼻，它相信生活的意义绝不仅在于填饱肚子，它要追寻更高的生活意义。从此它开始了艰难的飞翔生涯，时时刻刻练习飞翔，即使被逐出鸥群，它也不放弃学习更高境界的飞行，希望可以飞到它想要去的地方。

想一想，把飞翔当成永生的目标，并且无论如何都不放弃，这需要多大的勇气和信念。其实，在这勇气和信念的背后隐藏的更多的却是火一般的激情，是它支撑着海鸥心中的信念永不倒下。如果没有这种激情，那么要一直坚持自己的信念便艰难得多了。

有一位著名的民营企业家说：“要想获得这个世界上的最大奖赏，你必须拥有过去最伟大的开拓者所拥有的、将梦想转化为全部有价值的满腔激情，以此来发展和销售自己的才能。”

工作中，我们每一个人都应该像这只海鸥一样时刻充满激情，让自己保持奋发向上的力量，时刻向着目标飞翔，永不放弃。

那些在职场中取得成功的人，总是对工作有着近乎狂热的激情。他们似乎对工作永不厌倦，一直保持着火一般的热情。他们工作到深夜也不觉得疲倦，他们废寝忘食，一直沉浸在工作所带来的精神愉悦之中。似乎他们是在跟自己的工作谈恋爱，只要和自己心爱的人在一起，就不会产生丝毫的倦怠。

马军是一家公司的采购员，他在这里工作了5年。这5年来他从未请过一次假，他把工作当成自己的事情去做，总是力求完美。他的这份工作并不需要特别的专业技术，只要把该购的货物购到就行了。但马军则不满足于这一点，他总是千方百计地找到供货最便宜且质量最好的供应商，为公司节省了很多资金。

这一切都源于他对这份工作的热爱，他说自己喜欢与人打交道，喜欢跟人谈判，更喜欢成交之后的那种成就感，因此他总是努力工作没有怨言。两年之后，他为公司节省的资金已超过28万元人民币。老板知道了这件事后，非常感动，随即就把他调到总部任经理助理。

有激情就有希望成功，激情是工作中一种难能可贵的品质，它是做好任何事情的基本条件。一个激情四射的人总是能够高效、圆满地完成工作，成为老板最器重的人。而一个整天精神萎靡、牢骚满腹的人很难将工作做好，也就很难得到老板的认可。

当年，莱特兄弟有了研制飞机的打算，他们倾注全部的激情投入到研制工作当中，在当时那个环境中他们受到许多人的嘲笑，说他们简直是在做梦，根本没有任何成功的可能，只是白费力气而已。甚至当他们的飞机终于研制成功并且在天空中飞了800多英尺后，人们还对这个“怪物”嗤之以鼻。他们从头至尾一直在遭受旁人的冷眼和打击，但是他们始终没有放弃，他们凭借满腔热情，凭着对这份事业的无比激情，终于获得了成功，开创了崭新的历史。

看一下那些影响了世界文明进程的伟人们，他们无不对自己所从事的工作充满激情，几乎到了疯狂的地步。贝多芬在晚年什么也听不见，但是他依然对音乐充满激情；凡高饱受人世沧桑，依然不减对作画的激情；影响了几代人的美国猫王更是如此，他的一位朋友就曾经说：“他之所以伟大，是因为他对音乐有疯子般的热情。”历史上还有很多这样的伟人，没有激情，他们就无法改写历史，也无法让自己名垂青史。

激情对于一个员工来说就如同生命一样重要。想一想，老板喜欢的是有激情的员工还是毫无干劲的员工？只有拥有激情，一个员工才能释放出巨大的潜在能量，并发展出一种坚强的个性；只有拥有激情，才能把枯燥的工作变得富有趣味，使自己充满对工作的渴望，产生一种对事业的狂热追求。有了激情，还可以感染周围的同事，拥有良好的人际关系，组建一个强有力的团队；有了激情，我们更可以获得老板的提拔和赏识，获得更多的发展机会。

为什么做同样一件事，有的人成功，有的人失败？为什么做同样的工作，有的人做得优秀，有的人做得糟糕？真正的原因并不是我们本身不够优秀，而是有没有激情的缘故。

世界上鼎鼎有名的微软公司在招聘员工时，有一个很重要的标准：被录用的人首先应是一个非常有激情的人，对公司有激情，对工作有激情，对生活有激情。你也许会觉得奇怪，微软怎么会这样制定选拔精英的标准？它的一位人力资源主管一语道出了内中的真相："我们不能把工作看成是几张钞票的事，它是人生的一种乐趣、尊严和责任，只有对工作拥有激情的人才会明白其中的意义。"

著名的人寿保险推销员法兰克·派特曾经是一位职业棒球手，他正是从棒球手的经历中感受到了激情所带来的巨大力量。在之后的推销保险生涯中，他正是凭着超人的工作激情，从一名退役的棒球手创造了保险行业的销售奇迹。

法兰克·派特在刚进入职业棒球队时，曾经因为在打球时动作无力、缺乏激情而被当时的球队开除。这对他来说是一个巨大的打击，在临走的时候，球队经理告诉他，如果他还像这样缺乏激情，那他的棒球生涯就快要结束了。

后来，他参加了亚特兰斯克球队，那里的待遇很低，月薪从175美元减为25美元，微薄的薪水无法激发他的打球激情。后来他又转到了另一个球队。在这里老板给他与其他球员相同的待遇，这让他这个新人无比感动，于是当时他就发誓要成为最好的球员，因此在赛场上他总是最有激情的一个。

对于激情，他是这样描述的："我一上场，就好像全身带电一样。我自信地站在球场上，认为没有人能击败我。在这种激情的带动下，我一点都不觉得累。相反，我觉得很兴奋。我强力地击出高球，使接球的人双手都麻木了。"

由于富有激情，他变得越来越出色，这让原来开除他的球队惊讶不已。此时，他的薪水已经是当初的20倍，他在棒球界的地位也逐渐增高。

退役后，他将激情发挥到保险工作中，使他取得了骄人的成绩。

卡耐基把激情称作"内心的神"。推动一个人成功的因素很多，而位于这些因素之首的就是激情。

现实中有一些人总是对自己的工作和所从事的事业缺乏一些起码的热情。他们早上上班时，不是步伐匆匆，而是不慌不忙地、一步一步地蹭到公司，然后无精打采地开始一天的工作，对所安排的任务是能推就推，能拖就拖，而且很早就盼着下班的时间。这些连对工作起码的热情感都没有的人，又怎能谈得上做出什么成就？

其实，工作本身是不具备激情的，不论在哪儿工作,都只意味着一直重复相同的一件事。那么，如何在重复性的工作中保持激情呢？这是一个大多数人都面临的问题。但是不管我们的工作多么缺乏趣味，都要明白世界上所有的工作都是如此，这就是我们工作所要经历的，这就是工作的规律，生活的规律。

很大一部分人不明白这个道理，他们总是频繁地更换工作，希望找到一份富有激情的工作，可是，当他们不断地换工作的时候，他们却发现，工作本身是不具备激情的，重要的是自身要具备激情。只有点燃自身的激情，才能赋予工作无限的趣味。

要做个优秀的员工，那就从现在开始点燃起你的激情吧，让自己像世界上最伟大的推销员那样永不疲倦，永远向着自己的目标奋进。终有一天，你也可以走向成功的顶峰。

第二章 为公司努力工作

一个成功的员工不在于他能为公司做什么，而在于他能为公司多做些什么。如果一个人总是把自己的工作局限于本职工作，而不去挖掘和开拓更多、更宽广的工作范畴，那就只会让他慢慢失去工作热情，并且一直得不到提高，因为他总是把目标定位成“及格”，而不是“优秀”。

为公司节约

犹太人有一句话："节约一分就是赢利一分。"我们多数人都知道犹太民族是一个富有经商头脑的民族，提起他们，人们常会认为他们是小气、贪婪、狡猾的商人。但他们却是世界上最懂得节约的民族。因为节约，犹太人成为世界上最富有、最会做生意的人。

节约历来都被人们认为是一种很可贵的品质，它是一笔重要的财富，在成功的道路上占据了重要角色。

全球最大公司沃尔玛在业内是出了名地吝啬。如果你没有复印纸，想找秘书要，对方一定是轻描淡写地来一句："地上盒子里有纸，裁一下就行了。"如果你再强调要打印纸，对方一定会回答："我们从来没有专门用来复印的纸，用的都是废报告的背面。"

沃尔玛的节俭首先是从企业老总——沃尔玛的创始人山姆·沃尔顿率先垂范的。尽管是亿万富翁，但他节约的习惯从未改变。他没购置过一所豪宅，没购买过一辆豪华轿车，他经常开着自己的旧货车进出小镇，每次理发都只花5美元，这是当地理发的最低价，他外出时经常和别人同住一个房间。全国各地经理级以上的代表开会时，住宿条件也极其简陋，只不过是招待所而已。沃尔顿每次出差，只住三星级宾馆，用普通的公务车。作为身价达几百亿美元以上的沃尔玛总裁，他为什么还要如此"抠门"呢？在《细节决定成败》一书中，我们找到了答案：沃尔玛超市取胜的秘诀就是一分一厘地成本节约。

沃尔玛的办公室设施都十分简陋，里面只有一张普通的写字桌、普通的木制椅子，而且空间狭小，即使是城市总部的办公室也是如此。除了办公设施简陋外，沃尔玛在节约上还有一个很重要的措施，这个措施就是一旦商场进入销售旺季，从经理开始所有的管理人员全都到销售一线，他们担当起安装工、搬运工、营业员和收银员等角色，以节省人力成本。一般而言，在紧急情况下，小公司会采取这些措施，而且这种行为常常被人视为“不正规管理模式”，但在沃尔玛这样的大集团中却司空见惯。

沃尔玛人虽然很节约，出了名的“小气”，但是沃尔玛也有“阔气”的时候。这个“阔”主要体现在兴办公益事业上。其山姆·沃尔顿不仅在全国范围内设立了多项奖学金，而且这个“小气鬼”还向美国的5所大学捐出数亿美元。

沃尔玛时刻将节约作为公司的发展大计来抓。该公司曾有一个5年期的项目来减少5%的包装量，这个项目要求沃尔玛为全球60万个供应商采用更为节约的包装方式，为沃尔玛节省35亿美元，为供应商节省100亿美元。同时，沃尔玛与供应商联手改革儿童玩具包装，这为它节约了350万美元的运输成本，其他方面的节约相当于一年内少砍了5000棵树。

节约是一种可贵的品质，它是一种教养，一种美德，节约能够创造价值。

经济全球化使企业之间的竞争越来越激烈，面临的形势也越来越严峻。为此，除了提高产品的市场竞争力之外，有效地降低运营成本已经成为多数企业竞相追逐的目标。道理很简单，在利润空间日趋缩小的情况下，谁的成本低谁就可以获得生存和发展。

10年前在珠海创业的巨人集团，做汉卡发了财，成为国内电脑行业的领头羊。它原想造一幢38层的高楼供公司自用，不料被人一鼓动，设计改成54层，后来为了争夺中国第一高楼，决定造65层。公司又草率投资具有暴利可图的保健品行业，企图圈钱盖大楼。谁知出师不利，巨人集团只好又改行搞减肥药。巨人集团将偶然的投机成功当作必然的投资模式，最终导致了财务大崩盘，欠了一屁股的债，“无一分资产可查封”。巨人因为追求技术终至成为巨人，却因追求规模而成为戳破的气球。

市场经济的发展要求公司节约成本。能源与原材料成本的提高迫使企业寻求低成本。因此，作为企业的一员，应当树立成本意识，在工作中有一种成本观，养成为公司节约的习惯，这对于维护企业利益具有非常重要的意义。

奢侈浪费是可耻的，勤俭节约才是一种美德。无论何时我们都要勤俭节约。贫穷时要勤俭节约，富裕时更要勤俭节约。只有这样，我们才能守住富有，并且也会越来越富有。

如果你想使自己变得越来越富有，请记住：那就从节约开始吧！

因为这不光是老板的公司，也是你的公司，你也是公司的主人，你的行为会直接给公司造成影响。

有的员工总是说：“这是公司的事，节约与我有什么相干？”但是，如果在家里，你也是这样做的吗？也许很多人会这样回答：“当然不是，那可都是自己的东西，是自己一分一分辛苦挣来的。”自己的东西就懂得节约，然而对于别人的东西就觉得节约不重要了，那么，这样的员工其实还是停留在一种浅薄的意识里面，他们没有把公司当成自己的公司，没有把工作当成自己的事业。他们认为浪费一点无所谓，又不是自己的东西，他们认为钱是公司的，浪费的是公司的资源，和自己没有多大的关系。

因此，他们对于节约总是抱着一种无所谓的工作态度，比如他们看到公司的电灯从晚上一直亮到第二天早上也无动于衷。其实，每天小小的浪费，长期如此就会对公司造成极大的浪费。这种现象的存在，一方面说明有些员工缺乏责任感，同时也从另一方面说明这些员工并没有真正地理解节约对于自己的重要意义。但是要知道，作为公司的一员，维护公司的利益是义不容辞的责任，这是对公司负责，也是对自己负责。因为员工和公司本身就是一个利益相关的共同体。

有的人觉得节约对员工来说一点也不重要，不会威胁到员工的利益。其实，单纯从公司和员工的利益关系来说，节约是公司和员工的双赢。对于公司来说，节约可以有效地降低公司的成本，提高公司的利润。同时，提倡节约，可以使员工养成节约的意识，还可以使员工逐步形成勤俭持家、注重节约的公司文化，使员工在日常工作当中能够自觉行动。同样，节约不仅对于公司有好处，更会惠及我们每一个员工自身。让我们每一个员工行动起来为公司节约资源，创造价值和效益，使公司的效益更好，公司才更有能力给予员工相应的回报和鼓励，员工也能得到相应的利益。

所以，为公司节约每一度电、每一滴水、每一个机械零件，这是公司对全体员工的基本要求，也是员工应尽的责任。

节约体现了一种品质，一种精神，一种教养，一种美德，节约更能够创造价值。说起节约，一些员工总错误地认为那是领导者的事，是职能部门的事，与自身关系不大。如果你也这么认为，那么你要赶紧改变自己的这种错误想法，不能带着这样的心态进公司。否则，你刚刚起步的职场人生可能就会因此而断送。

一位名叫姜瑞的年轻人大学毕业后，幸运地进入一家国内知名公司。这家公司不仅工作环境好，而且报酬也丰厚，同时升迁的机会也多。这无疑是一份不错的工作。姜瑞工作十分努力，很快就做出了成绩。他的上司年终跟他促膝交谈，对他寄予厚望，他心中不免充满对未来的憧憬。

但是，半年之后，人力资源部门就宣布他被辞退。他不解地找到上司，要求上司做出解释。他的上司说："你这一年的工作做得很好。不过，公司上一年资源浪费严重，使公司盈利下降，因此，公司打算紧缩人事来控制成本。这是件不得已的事，想必你可以谅解。按照规定，你可以领取三个月的失业金，相信你很快就能找到更好的工作。"

姜瑞一下子被这突如其来的打击惊呆了，他不知道为什么自己成绩不错却要被辞退，他有些不知所措。于是他很气愤地问："我到底犯了什么错？难道因为我工作不努力或者能力不够吗？"

老板说："其实，你的成绩是每个人都看得见的，但是，你在工作中没有注意为公司节约资源，没有节约意识，这对公司造成了巨大的浪费，直接使公司利润下降。我调查过了，你是浪费资源最严重的一个。因此，我必须将你辞退。"

一个不懂得节约的员工是一个对公司不负责任的员工，他总是置公司利益于不顾，这严重损害了公司利益。其实，公司与员工本是一个利益相关的共生体，员工的发展要借助公司的发展来实现，公司的发展也要依靠员工的努力来实现。公司兴则员工兴，公司衰则员工衰。二者相互依存，在社会中为了一个共同的目标而奋斗。只有公司获利，员工才会最终获利。因此，时刻把自己与公司的利益紧密结合是一个优秀员工必备的品质。节约就是为公司的利益着想，就是间接地为公司创造利润。

20世纪70年代，丰田公司就已经是世界上知名的大公司。丰田汽车公司的汽车产品在质量上都能保证货真价实，但它又是在原材料的使用上最节约的企业。丰田公司一直以来都把节约作为企业的重要文化来抓，并且形成了一种习惯。上自老板，下至员工，每一个人都将节约作为重要任务来执行。那么大的公司，在办公用品的使用上却节省得近乎“抠门”。譬如公司内部的便笺要反复用4次。第一次使用铅笔，第二次使用水笔，第三次在反面使用铅笔，第四次在反面使用水笔。公司办公大楼的马桶水箱里都放置了一块砖。这样可以使6升的水箱变成5升，每次都能够节约1升水。

丰田公司的这种节约习惯奠定了它强大的竞争力，这使得它在1973年的石油危机之后成为世界上最有竞争力的汽车制造商。因为大家都养成了节约的意识，所以在技术开发方面，节油就成为公司新车研发的主要原则。在石油大幅度涨价以后，包括美国在内的汽车购买者都纷纷看中了丰田的产品。

很多企业之所以无法做到丰田公司这样极具竞争力的规模，一个比较关键的原因就是，许多员工在工作中欠缺成本意识。他们总是认为公司的资源与自己无关，因此在使用公司资源时总是大手大脚，本来使用一度电就可以将工作完成，但是很多人偏偏要使用两度电。这无形中提高了企业运营的成本，造成企业资源的浪费。许多企业在产品或技术方面并不比对手差，但最后的收益却远远落后，原因何在呢？根源就在于运营成本降不下来，相当部分的收益被看似平常的铺张消耗掉，长此以往，结局是可想而知的。

有一家主营小商品批发的贸易公司，从表面上看生意兴隆，肯定盈利不菲，但年终结算时却并没有太大盈利。要么小亏，要么小赢，或者不亏不赢。几年下来，不但公司规模没有扩大，资金也开始紧张起来。而与它同时营业的竞争对手的生意却蒸蒸日上。眼看着竞争对手的分店一家一家地开张，这家公司老板终于沉不住气，决定向竞争对手求教取经。

他找到在里面任职的一位朋友来调查他们的内幕。等朋友把一笔笔生意报出后，这个老板不仅没有弄明白问题，反而更纳闷了：两家交易总量并没有太大的差距，为什么收益差距却这么大呢？

他的朋友看他迷惑的样子，道出了其中的原委：原来，这家公司很注重节约，在公司员工的共同努力下，这家公司对商品流通的每一个环节都实行了严格的成本控制。他们采取的措施主要有：采购人员在采购货物时争取以最低价购买，严格以市场需求为标准，使存货率降至同行最低，每年大约节约货物贮存费6万元，累积下来将近25万元；联合其他公司一起运输货物，将剩余的运力转化为公司的额外收益，这样，几年下来，托运费就赚了将近50万元；与供应商签订包装回收合同，对于可以重复利用的包装用品，待积攒到一定数量后利用公司进货的车辆运回厂家，厂家以一定的价格回收再用，这项收入大约为每年2万元；为出差人员制定严格的报销标准与报销制度，尽管标准比别家略低，但公司规定可以在票据不全的情况下按标准全额支付差旅费，该项措施每年为公司节约大约5万元……

就这样，这家公司严格控制成本，不但公司节约了可见的资金，也培养了公司员工的成本意识，倡导节约、反对浪费已经蔚然成风。

为公司节约应该是每一个员工的责任，它不能是一句空话，必须落到实处，从点点滴滴的小事做起，将自己视为公司的主人，时刻秉持厉行节约的原则。要成为一个好员工，必须具有这种责任感，时时处处维护公司的利益，这样才能赢得上司的赏识，获得晋升的机会。

以老板的心态做事

以老板的心态做事，你就会成为一个值得信赖的人，一个老板乐于雇佣的人，一个可能成为老板得力助手的人。更重要的是，你能心安理得地领取你每月的工资，因为你清楚你已经很努力地做事，你已经全力以赴。

什么是老板心态？你在这个企业工作，就要把企业当作你的，你就应该把自己当作公司的老板。这倒不是说你一定要在某家上市公司工作之前，先买它5000股的股份，然后再去上班，你就成为名副其实的老板了。那在很大程度上倒有些掩耳盗铃、自欺欺人的感觉。其实你在任何一家公司工作，你都应该有一种主人翁的心态。要时刻这样想：这公司是我们的，我要为它的繁荣和发展贡献自己的才智和心力。

我们常常会看到，有不少年轻人把频繁跳槽视为能耐，将投机取巧当做本事。老板一转身自己就懈怠下来，没有监督就不认真工作。敷衍塞责，文过饰非，缺乏责任心和敬业精神。这种人一辈子都难成大事，做不出成就来。因为他缺乏一种老板心态。

俗话说："不要往自己喝水的井里吐痰！"对于公司的员工，这同样是一种最基本的职业道德要求。无论你是公司的一名普通员工，还是某个机构的一个职员，对于你所在的组织，你都不要诽谤它，不要伤害它，因为轻视自己所就职的机构就等于轻视你自己。

你一定要把公司视为自己的公司，视为自己衣食所需、精神所托的地方，这样才能做好自己的工作，才能使自己的内心和生活因为公司的发展而充实起来。由于工作关系，笔者接触到很多跨国公司的员工，他们无论在公司做什么工作，都有一个共同点，那就是一谈到自己供职的公司总是充满信心和自豪，为自己能够成为公司的一员感到光荣。他们也有从这个公司跳槽到另外一个公司的现象，但是，当谈到以往就职的公司，他们总是表现出对公司和公司老板的敬意和赞扬。这不能不说是一种令人尊重的历练和职业操守！

一个将企业视为已有并尽职尽责完成工作的人，终将会拥有自己的事业。许多管理制度健全的公司，正在创造机会使员工成为公司的股东。因为人们发现，当员工成为企业所有者时，他们表现得更加忠诚，更具创造力，也会更加努力工作。有一条永远不变的真理：当你像老板一样思考时，你就成为了一名老板。

谭丁是沃尔玛中国的商品采购部总经理。从1995年沃尔玛在中国开始筹备的时候，刚刚从上海交通大学毕业的谭丁就加入了这家世界最大的连锁超市公司。由于对采购工作根本没有任何经验，当时的谭丁工作进行得极其艰难。但是，她始终坚持一个原则，那就是随时都要想着为公司争取到最大的利益。

正是有了这种老板的心态，她在工作中逐渐积累经验，逐渐掌握了谈判的要诀和技巧，同时注意把握一种双赢的原则，考虑到供货商的利益，终于打开了采购工作的局面。就这样，她从一个普通的采购员升任到助理采购经理，再到采购经理，到现在已经成为总商品采购部经理。后来她被列为沃尔玛的TMAP培训计划，这个培训计划的目标就是成为接班人，可能是上一级主管，也可能是更高的管理层。同事们都认为她会有无限的上升空间。

以老板的心态对待公司，为公司节省花费，公司也会按比例给你报酬。奖励可能不是今天、下星期甚至明年就会兑现，但它一定会来，只不过表现的方式不同而已。当你养成习惯，将公司的资产视为自己的资产一样爱护，你的老板和同事都会看在眼里。美国自由企业体制建立在这样一种前提之下，即每一个人的收获与劳动是成正比的。

然而，在今天这种狂热而高度竞争的经济环境下，你可能会感慨自己的付出与受到的肯定和获得的报酬并不成比例。下一次，当你感到工作过度却得不到理想工资、未能获得上司赏识时，记得提醒自己：你是在自己的公司里为自己做事，你的产品就是你自己。

为了更好地审视优秀员工的重要性，让我们来看一看福特汽车公司的兴起、衰落和复兴的实例。

亨利·福特用了15年时间，建立了一个当时世界上最大和获利最丰的制造业企业——福特汽车公司。一时间，该公司的累积盈余现金高达10亿美元，然而几年之后（到了1927年），这个汽车王国已经开始走下坡路，连续赔了将近20年的钱。

1944年时，老福特的孙子（亨利·福特二世，当时只有26岁）接管了这家公司，并在两年后迅速发动了一场“宫廷政变”，驱逐了他祖父时代的遗老，引进一套全新的管理班子拯救了公司。

“宫廷政变”以后，亨利·福特二世立即在公司中任用了一批管理精英，建立了一套管理结构，使公司只花了5年时间就在国内外重新获得了发展，成为了通用汽车公司的主要竞争者，其影响甚至在迅速发展的欧洲市场超过了通用汽车公司。

老福特的失败，在于他坚信一个企业不需要优秀员工，而认为一个企业所需要的只是所有者兼企业家，以及所有者兼企业家的一些助手。当然，福特也有异于与他同时代的企业家，这就是：他的所作所为都以他的坚定信念为依归。

绝大多数人都必须在一个社会机构中奠基自己的事业生涯。只要你还是某一机构中的一员，就应当抛开任何借口，投入自己的忠诚和责任。一荣俱荣，一损俱损。将身心彻底融入公司，尽职尽责，处处为公司着想，理解管理者的压力，那么任何一个老板都会视你为公司的支柱。

如果你是老板，你对自己今天所做的工作完全满意吗?别人对你的看法也许并不重要，真正重要的是你对自己的看法。回顾一天的工作，扪心自问一下：“我是否付出了全部精力和智慧?”

如果你是老板，一定会希望员工能和自己一样，将公司当成自己的事业，更加努力，更加勤奋，更加积极主动。因此，当你的老板向你提出这样的要求时，请不要拒绝他。

假设你是老板，试想一下，你自己是那种你喜欢雇佣的员工吗?当你正考虑一项困难的决策，或者你正思考着如何避免一份讨厌的差事时反问自己：如果这是我自己的公司，我会如何处理?当你所采取的行动与你身为员工时所做的完全相同的话，你已经具有处理更重要事务的能力了，那么你很快就会成为老板。

因此，这里提出换位思考，也就是要员工站在老板的角度去思考一些问题，充分理解老板的苦衷。如果你是老板，我想你肯定也希望当自己不在的时候，公司的员工还能够一如既往地勤奋努力，踏实工作，各自做好自己的分内之事，时刻注意维护公司的利益。这样你就可以一心一意去处理好外面的事情。

同时，如果你是公司老板，当你派出你的公司人员到各地处理公司事务的时候，也希望他们尽心尽力，以保证公司的业务顺利开展，公司的盈利能够节节上升。

员工与老板的最大不同就是想问题的角度不同。员工考虑问题是站在员工的角度，而老板则是站在老板的角度。这种差别就造就了不同的结果，也注定了谁是员工，谁是老板。这就像一片星空，诗人想到的是浪漫，海员想到的是方向，星空依旧是那个星空，却因为人的不同而被赋予了不同的想法。员工和老板的差距就在这里，同一件事不同的人去思考，就会产生不同的解决方法。要想成为老板，就要像老板那样思考。

老板思考问题往往从长远、从大局出发，他们不局限于目前的小利，而是放眼未来。他们敢想敢为，敢于冒险，敢于竞争；他们积极乐观，思维敏捷；他们宽容大方，不计小节。如果你也能像老板这样思考，这样处事，那么你就能更快地完善自己，从而就有可能当上老板。

以老板的心态做事，像老板一样思考，你就能更全面地了解老板的内心世界，清楚他的做事风格，明白其希望达到的目标，同时还可以站到老板的位置上换位思考，这样做有利于你处理好与老板的关系，不致产生误会和分歧，从而可以减少很多不必要的麻烦。

有的员工总是无法理解老板的做法，不明白他们的想法，认为他们不可理喻，不近人情，不讲道理。其实，如果以后你做了老板，你也会这样做。每个老板都是站在公司的大局考虑问题的，他们要考虑公司的盈利、开支，因此，在平时的管理上，他们肯定会将这些作为重点来抓，因此，老板希望员工努力工作，以获得更多的利润。同时，他们希望员工节约开销，也是为了获得更多的利润。他们还希望员工的待遇越低越好，这也是为了节省开支。但是作为员工对这些就不能理解，他们认为是老板太过小气，没有大家风范。其实，再大的公司、再好的待遇也是相对而言的，每一个老板的心理都是相通的，他们永远站在他们的位置上考虑问题，因此他们这样做无可厚非。你所要做的就是努力工作，以实际行动来证明自己的实力，从而开创自己的事业。

如果你不能理解老板的做法，不能像老板一样思考，说明你还不具备做老板的条件。很多人总认为老板是剥削阶级，想方设法让员工加班加点努力工作，而不顾他们的实际利益。其实，如果员工把老板的这种行为当成激励自己的良药，那么你就可以从弱者变为强者，从而摆脱被剥削、被宰割的局面。

除了一些个体户老板是自营经济组织，绝大多数人都要在一个社会组织中奠定自己的事业生涯。公司是多数人的选择，只要你是公司的一员，你就应当将全部身心彻底融入公司，为公司尽职尽责，抛开任何借口，为公司投入自己的忠诚和责任。

一位报社的总编每次给新学员培训的时候总说这么一个命题：记者的24小时都是报社的。他的意思是说，发生在记者身边的任何事情可能都是报社的新闻素材，你随时需要举起手中的相机，随时需要录音采写相关的内容，这是对职业素养的基本要求。

以老板的心态对待工作，就要像老板一样，把公司当成自己的事业。如果你是老板，你一定会希望员工能和自己一样，更加努力，更加勤奋，更加积极主动。因此，当你的老板提出这样的要求时，你就应当积极努力去做，用心去做，创造性地去做。

有了老板一样的心态，你就会成为一个值得信赖的人，一个老板乐于接受的人，从而也是一个可托大事的人。因为一个为公司尽职尽责完成工作的人，往往已经把这份工作看成是自己的事业，自己的事业是公司事业的一部分，公司的事业也就是自己的事业。

我能为公司多做些什么

在同一个公司里，同一种工作有很多人来做，但是为什么有的人做得好，有的人做得差？为什么有的人得到老板的欣赏和提拔，有的人却得不到重用甚至被辞退？

我们总是说“皇天不负有心人”“一份辛苦一份才”，做任何事情，如果你都能多付出一些，比别人多份辛苦，多份努力，你就可以取得比别人多的成绩。你如何才能在多数人中脱颖而出呢？方法只有一个，那就是永远多做一点。一天多做一件产品，一个月就是多做30件，这其中的差别是巨大的。

一个成功的员工不在于他能为公司做什么，而在于他能为公司多做些什么，如果一个人总是把自己的工作局限于本职工作，而不去挖掘和开拓更多、更宽广的工作范畴，那就只能令他慢慢失去工作的热情，并且一直得不到提高，因为他总是把目标定位成“及格”，而不是“优秀”。

只满足于简单地应付差事，从不追求更高的工作目标的人只能慢慢走向失败，无法得到老板的信任和提拔。相反，一个总是为公司着想的员工会时时思考如何让自己多做些事情。他会时常问自己：“我还能多做些什么呢？”当他有了这样的觉悟之后，他就会主动为公司着想，这样他离成功也就不远了。

在中国的一个小城镇，有一个男孩16岁就开始了自己的工作生涯。他在镇子里惟一的一所加油站做洗车工，每个月拿着几百块钱的工资，仅够他一个人的食宿开支。但是他从来没有抱怨过，他下决心一定要成为最好的洗车工。每当有车过来加油或者清洗，他都很认真地去做，很多时候顾客并未要求检查油量、传动带、蓄电池等设备，但他都主动去做。他觉得他的任务不仅仅是要给车加油，更要让它安全地行驶。因为他相信，只有做得更好，顾客才能经常光顾。

来这里加油和洗车的顾客里有一个很苛刻的老人。他每次来这里都要求这个男孩给他擦洗两遍，直到车上看不到一点灰尘，他才满意。男孩尽管很认真地去做，但时间一长也就慢慢地失去了耐心，他告诉父亲说："我简直再也无法忍受这个有点变态的老头子了，他以为自己是谁，要我把车清洗得那么干净，真是神经病。"他的父亲一向很支持孩子的工作，但现在听了他这番话，却很严厉地说道："不许你这样评价顾客，你要知道，这是你的工作，无论顾客要你清洗几遍你都要去做，而且还应该多做一点，这样才能让顾客满意。"

后来，他按照父亲的话去多做一点，渐渐地，他发现，这个老人以后很少提出擦洗两遍的要求了，他变得和蔼起来，还经常跟他讲些轶闻趣事。再后来，由于这个男孩的工作做得好，来这里洗车的顾客越来越多，老板就主动给男孩分了不少的股份。

多做一点，就会有多一点的回报。任何工作，只要使出全部的力量认真去做了，就能逐渐让自己得到提高。有一个著名投资专家约翰·坦普尔顿提出一条很重要的定律：多一盎司定律。这个定律指出，有较大成就的人与有中等成就的人之间最大的差别就是——"多一盎司"。也可以说，成功者与失败者之间最大的差别就是"多一盎司"。一盎司只相当于十六分之一磅，这个数字是微不足道的，但就是这点微小的差别使得这两类人出现天壤之别的结果，那就是一个成功，一个失败。

多一盎司，在工作中多做一点，你就会因此领先一步，成为卓越的员工。多做一点体现了一个人的敬业精神，也体现了他对工作的主动性、积极性，这是每个老板所推崇的可贵人品，也是每个老板喜欢的工作品质。当你每天主动地完成了自己的工作，并且多做了一点，你在老板心中的印象就会每天高大一些。相反，如果你每天没有多做，反而少做一点，哪怕只是少做一个小小的部分，你也会让老板感觉你是一个工作不负责的人，从此，你在老板心中的地位也就慢慢降低了。

一个事业成功的大企业家用一句话总结自己成功的经验说："多做一点。"这句话无疑是众多成功者成功的秘诀。

在同一个公司里，许多人做着与你同样的事，你如何才能在多数人中脱颖而出呢？方法只有一个，那就是永远多做一点。

时刻准备多做一点，就会离成功更近一点。可是实际工作中，很多人对工作并没有这样深刻的认识，他们认为："公司不是自己的，我多做少做一个样，只要把老板布置的任务完成就行了，我又何必让自己多做呢？多做了老板也不会多给我一分钱。"是的，你的付出也许不会马上得到老板的奖励，但是你已经在老板心中有了很重要的位置，得到奖励也是迟早的事。

许多人也许都有这样的体会：当你15岁刚开始学挑担时，也许你只能挑80斤。如果你每次都尽自己最大的努力去挑，也许一年之后，你就能挑起150斤的担子。如果你害怕受累，拈轻怕重，本来能挑80斤却只想花八成力气去挑60斤，这样下来，一年之后，也许你连60斤都很难挑得动了。挑担子和我们的工作是一样的，如果你总是多花点力气让自己多挑一点，那么天长日久你就会慢慢增强自己的能力，让自己获得提升。

因此，在工作中，记住让自己多做一点，时常提醒自己："我能为公司多做些什么。"多做一点，意味着你对工作的热情、积极、敬业和负责，它也许不能让你得到更多的报酬，却可以让你得到信任、赞赏和机会。

这是我的事业

很多人日复一日、年复一年地工作，却不清楚到底在为谁工作。他们认为是在为自己的生存而工作，同时也认为是在为老板而工作。这样的人是可悲的，他们没有看到工作的真正意义，不清楚究竟是在为谁工作。

有人指出，人生有三分之二的时间是花在工作上的。因此，把工作当成一件什么样的事情来看待，对一个人的发展十分重要。

工作是我们生存的经济来源，也是我们成就感和价值感的所在，从工作中获取金钱不应该是我们工作的全部意义，而把工作当成自己的事业才是最重要的。

我们这一生都是与工作紧密相连的，不是吗？我们每天的时间都花在工作上。也许有人要反驳这一观点，他们说："工作不是每天八小时吗？"是的，从表面上看是八小时，但是，办公室里面这看似短短的八小时不是独立存在的。早上，我们八点上班，但是我们需要六点、七点就起床，接着梳洗打扮，接着吃早餐，然后从家门出发去上班，这中间的几个小时都因为核心的这八小时而发生。表面上，办公室里的八小时是工作的直接成本，但是，前后这些过程和时间就是工作的间接成本。这两个成本合并计算起来，每个人一天都要至少为工作花掉十二三个小时。

同时，不要忘了，剩余的十二三个小时，扣除吃饭、睡眠，可供利用的零头时间所剩无几。因此，工作早已成为占用我们生命的最大一件事情。

不是吗？我们和自己的亲人相守的时间，永远比不上在公司与同事相处的时间。

我们对自己身边的事情，永远难以和所做的工作相提并论。

因此，我们的工作与生命紧密相连。与生活紧密相连，我们如何看待工作，也就是如何看待生命。我们如何善待自己的工作，也就是如何善待自己。

因此，对待“为什么而工作”问题的回答就显得尤为重要。认为为公司、为老板而工作的人是缺乏工作积极性的人，他们把工作当成一种负担和包袱，从没想到是在为自己而工作。他们觉得工作是为他人创造财富，创造价值，从没有想到也是在为自己而创造。但是如果你不以薪水为工作的目标，那么迟早有一天你会做出一番成就，得到你应得的利益。上天是公平的，所有的老板都是从当初那个艰难的员工时代走出来的，他们也曾经历风雨，遭受坎坷，拿着微薄的工资，过着艰难的生活，但是他们明白是在为自己工作，因此他们成功了。

在一个图书出版公司工作的刘军，只是一个普通的策划编辑。每个月拿着相对较少且固定的工资，他的任务就是每个月策划几个选题，工作如果不出大的问题，他完全可以安逸地过下去。

但刘军与别的员工不同，当别的员工消极怠工的时候，他总是一丝不苟地做着自己的事情，尽管这些事情未必能够为自己带来更多的薪水，但他懂得为自己工作的道理。与其上网、聊天、玩游戏而浪费时间，为什么不多思考一些问题，多学一些业务知识，多策划几个选题呢？

一般员工工作的时候只是完成老板的任务，他们想，即使书畅销了，自己也捞不到什么好处，何必那么费劲呢？而刘军却不这么认为，虽然捞不到物质上的好处，但能够得到业界的认可，得到读者的认可，这才是最重要的。如果你能够策划一本好书，以后无论你走到哪儿都会得到别人的尊重。策划一本好书会给自己带来很多宝贵的经验，这些经验会直接影响着你的下一本书。在这样的观念影响下，刘军为公司做了很多好书、畅销书，为公司带来了很大的经济效益和社会效益。尽管他的工资一直没有上涨，但他并不后悔。同事都认为刘军这样做太不值得了。

突然有一天，公司的老总上调，由于匆忙不可能向社会公开招聘本公司的总经理，他前思后想，最终把总经理的位置给了刘军。这时候，同事都说刘军值了，因为他以前为公司赚的钱现在都成为为自己赚的了！试想一下，如果刘军和其他员工一样也抱着为老板工作的态度，那么他现在的结果会有这么好吗？

著名策划大师王志纲把人才分成自用之人和被用之人。所谓自用之人，是自己了解自己，可以发挥潜力，做老板，开创一番事业的人。所谓被用之人，是有突出的能力和专长，也就是职业经理人和专家。但无论是什么人，都必须是自我负责、自我激励的人，如果连自己都不能对自己负责，不在乎自己，不努力提升自己，还会有谁来帮助你呢？

为自己工作，才能让我们懂得对自己负责，也才能真正重视自己现在的工作。虽然公司不是你的，你的工资也不怎么高，但公司至少给了你一个平台，如果你不珍惜，就等于在浪费自己的时间和生命。如果你努力，也许将来某一天你会有自己的公司，你会发觉你以前做事的经验对你将起到很大的帮助。所以，为自己工作就是对自己负责。如果一个员工放弃了对公司的责任，也就放弃了在公司中获得更好发展的机会。没有责任也就等于放弃了成功，放弃了为自己工作的原则。这样的员工，老板当然不会看重。

“这是我的事业！”在许多人把“跳槽”当作显示自己“本领”的今天，艾奇的工作态度可能会让绝大多数人感到意外，而且也会有许多人一时之间无法理解这句话中所包含的深义。我相信许多人只是常常把“我的工作”这句话挂在嘴边，但是，就在他们说这句话的时候，其实却并没有意识到他的工作是在为自己而做，反而在潜意识里认为自己的工作是在为企业而做，是在为公司而做，甚至是在为上司而做。可是艾奇却不同，他在说“这是我的事业”这句话的时候，在他的内心里，是充满了对自己从事的工作的热爱，是把自己的工作当作自己的事业来做的。因而，他所想到的，是如何把工作做好，如何在工作中实现自己的人生价值，能够把工作当做一生的事业而全身心地投入它、热爱它，实现自己的理想。

有一个寓言很好地说明了我们到底在为谁工作。一天，主人在两辆马车上装满了货物，分别让两匹马各拉一辆车。在路上，一匹马总是落在后面，还磨磨蹭蹭地走走停停。主人便把所有的货物都搬到前面的马车上。这时，那匹原本磨磨蹭蹭的马一看自己车上的货物没有了，就步履轻快地前进起来，还对另一匹马说:“你就傻乎乎地干吧，总有一天累死你!”

等到达目的地以后，有人建议主人:“既然你只用一匹马来拉车，那就没必要养两匹马，不如只喂养那匹拉车的马，把另一匹宰掉，起码还能得到一张皮呢!”主人听从了他的建议，就真的把那匹马杀掉了。

我们到底在为谁工作？这匹不好好拉车的马的下场给了我们很好的答案。如果我们不好好工作，就会像这匹马一样被职场淘汰。如果你总是以为你在为别人工作，那么你在工作中肯定会消极倦怠，把工作看成是一种苦役，这样你就会不停地抱怨，逐渐产生消极抵触心理。如此一来，你的工作将很难做好。所以，停止你的抱怨，不要抱怨你的待遇太差，或者认为是在给老板工作，因而敷衍了事。实质上，我们是在为自己工作，为我们以后的道路铺垫。认识到我们是在为自己工作，意味着自我负责和自我激励。一个人只有自己对自己负责，自己激励自己进步，才能掌握自己的命运。这是最根本的问题。如果我们不愿意自己对自己负责任，不愿意自己督促自己进步，那将不会再有任何力量能使我们在这个社会上站稳脚跟了。

不要总是抱怨你的工作，工作辛苦是必然的，世界上没有一个工作是不辛苦的，就算是老板也都在说辛苦。随着工作时间的增长，对工作产生倦怠和麻木也是不可避免的，没有一个人可以非常肯定地承认自己对工作一如既往地充满热情，而从不感到疲倦。我们不是机器人，而是有血有肉的血肉之躯，会生病也会衰竭。所以，重要的是一旦明白工作是为了自己时，这些倦怠便不会来骚扰你。我们无法控制工作如何，诸如工作量的大小、难度以及公司的要求等，但是我们可以做到控制自己，我们可以让自己在繁重的工作面前保持一颗平常心，使自己不以物喜，不以己悲，因为我们是在为自己工作。这样一来，所有的重负都不再是负担，所有的压力也都不再是压力。

没有不可能

世界上有很多事在当初都被认为不可能实现。几百年前，人们也许认为用电照明、用电脑工作等都是不可能的事，可是现在都实现了。这些发明电灯和电脑的人不相信世界上有无法完成的事，他们相信“天下无难事，只怕有心人”。这些人是勇敢的，是敢于向未知挑战、敢于冒险的英雄。

歌德有句名言：“你若失去了财产，你只失去了一点；你若失去了荣誉，你就丢掉了许多；你若失掉了勇敢，你就把一切都失掉了!如果你想得到，一定要具有勇敢地面对困难的态度。”

那些被我们认为不可能完成的事，往往都是人们自己加给自己的一个难题，在潜意识里他们已经否定了自己的能力，看不见希望的曙光。因此，他们也就放弃了一切努力，自然任何事情都难以成功。不敢冒任何风险的人，什么事都不敢去做，自然也就不会有任何成功的可能。

在波士顿，曾经有一部戏剧《孙南多》公演时惨遭失败。因此，当时的剧院经理都不敢接这部戏，就连著名的三大剧院寡头也不敢接。他们认为这部戏是个失败的作品，接了这部戏无疑是巨大的商业冒险。就在所有人都望而却步的时候，有一个名叫弗罗曼的人却把它买了过来。当时，很多人都觉得他是在做毫无价值的事，是在浪费金钱和时间。他的家人也指责他做事糊涂，不考虑后果。但是弗罗曼有自己的判断，他觉得冒险是存在的，但也不是没有任何成功的可能。于是他放手大胆地干了起来，最终他成功了，大赚了一笔，而且从此声名大噪。当初被人们认为不可能的事、被认为冒险的事，他却以实际行动证明了他的正确。其实，当初他买下这个剧本，并不是一种纯粹的、鲁莽的赌博，而是立足于12年的戏剧经验所锻造的良好判断力。

做不可能实现的事，完成不可能完成的事，也许正是弗罗曼成功的根本原因。敢作敢为的冒险精神是他取得这种惊人成功的最重要因素。1877年，刚满17岁时，便在剧院里售票。到1915年，他与乘坐的路斯塔尼亚号船一同遭难时，已经被称为“世界娱乐界之王”了。他掌握着世界上几十个大剧院的命运，使几千个演员得以人尽其才，他成了戏剧界无可争议的拿破仑。

敢于向困难挑战，向不可能的事情挑战，这正是成功者所具备的关键要素。世界上总要有第一个吃螃蟹的人，任何看似冒险的行动其实都蕴藏着巨大的成功因素。大胆的冒险之心，对于成功来说是不可缺少的。敢于迎接挑战是一种可贵的品质，在工作中同样如此。一个人只有敢于挑战困难，挑战极限，完成不可能完成的工作，才有可能让自己向卓越靠近。

只有敢于主动迎接挑战的员工才有机会把握成功，因为这样的员工具有积极进取的精神，他们的意志和能力都将在挑战的过程中得到锻炼，得到提高。更重要的是，在这个过程中，成功的机遇也比平时多了很多。

例如，你的老板交给你一项比较棘手的任务，你是勇敢地接受然后充满勇气地去做呢，还是将任务拒之门外、逃之夭夭呢？一个渴望成功的员工将会勇敢地迎接挑战，完成不可能完成的事。而那些胆小怕事的员工则不能勇敢地接受任务，他们本身就缺乏积极进取的精神，自然也就不会有勇气迎接挑战。

在今天这个百舸争流的时代，工作中的挑战无所不在，而且越来越大，因为人才的增多在无形中增加了工作的挑战性。在更多的挑战性工作中，能否勇敢地迎接挑战很大程度上决定了一个人能否抓住成功的机遇。机遇潜伏在挑战中，只有向困难挑战，才能在挑战中成长。

约瑟夫曾在一家报社做广告业务员，当时他对自己充满了信心，他认为自己完全可以成为一个优秀的业务员。刚开始因为他的学历达不到公司的要求，老板没有录用他。为了进入这家公司，他甚至提出可以不要底薪，只从广告费里提取佣金。就这样，他开始在这家公司工作起来。

正式开始工作后，他先列出一份名单，然后按照名单逐个去拜访。这些客户都是一些颇有实力的大公司的老板，要将他们攻克，不是一件容易的事。当时同事们都劝他不要做这种不可能完成的事。可是，约瑟夫铁了心要做。接下来，他从网络上搜索到这些人的资料，充分而详尽地了解他们，然后又大声朗读他们的名字10遍，充满自信地说："下个月，我将让他们来购买我们的广告版面。"

然后，他拿上资料、背起背包毅然踏上了这条拜访之路。同事们都嘲笑他是在做一件毫无意义的事。结果，第一天，他与15个"不可能"的客户中的2个人达成了协议；半个月的时候，他又签了一个比较大的交易；第一个月结束时，只有1个客户没有与他达成交易。

这时，所有的人都惊呆了，原来嘲笑他的同事都开始敬佩起他来，老板也夸赞了他。

可是约瑟夫并不满足，他坚持要把最后一个客户争取过来。从此，每天他都坚持去这个客户的公司拜访，每次去了之后都只是静静地坐在旁边。每天，这个客户都对他回答一句话：“我永远不会跟你合作的，你死了这条心吧。”可是约瑟夫从不气馁，依然笑呵呵地来拜访这个客户。

在长达一个月的拜访之后，这个客户再也受不了了，他很生气地问约瑟夫为什么要如此坚持，他向约瑟夫大声吼道：“你为什么要这样折磨我？你知道吗，你已经浪费了我一个月的时间，难道你还要继续浪费下去吗，你为什么要做这件毫无意义的事？”

约瑟夫接着对他说了一番话：“我根本就没有在浪费时间，我只是在学习，你对我的拒绝使我学会了如何在逆境中学会坚持。”

这个客户听了他的话，感到很是吃惊，他说：“我本来铁了心不想做这个广告，但是看到你如此执著，觉得我应该向你学习，学习你做事坚持不懈的精神，这是一笔不小的财富。为了表示我的感谢，我答应跟你做一个广告版面，就当是我付给你的广告费。”

能否勇敢地向“不可能”的事挑战是一个人能否成功的关键，这种精神是许多员工应该具备的工作品质。当老板安排给你一个相对艰巨的任务时，你一定不要因为害怕失败而推托，只有勇敢地挑起这个重担的时候，你才能真正地成为老板所欣赏的员工，你也才能真正地成熟。

工作就是你的使命

《圣经》里有这样一句话："人不工作就没有饭吃。"工作其实是上帝的旨意，工作就是人类的天职和使命。

工作就是你的使命，是你义不容辞的责任。对待工作必须具有使命感。

使命感就是无论从事什么工作，工作的难度有多大，都一定要完成任务的坚强信念。具有使命感的员工才是真正优秀的员工，他们总是积极主动地工作，坚强地朝着自己的目标向前迈进，无论遇到什么困难都要求自己努力去做好。

使命感体现了一个人对工作的高度责任心，体现了一个人对工作尽职尽责的态度和积极主动的主人翁精神。心中充满使命感，就能时刻为公司着想，以公司的利益为重，遇到困难时就能够迎难而上，坚韧不拔地向着目标前进。

比尔还是个十几岁的孩子时，就定下目标：要成为纽约大都会街区铁路公司的总裁。从此，他开始了向这个目标进军的旅途。19岁时，他进入铁路业工作，在一个铁路公司的夜行货车上当一名装卸工。他十分珍惜这份工作，尽管工作很辛苦，他还是保持着十足的干劲和无比的热情，工作非常勤奋。后来因为工作出色，他被安排做检查铁轨和路基的工作。这个工作每天只能得到1美元的薪水，但是他已经很知足了，因为他感觉自己已经向铁路总裁的位置靠近了些。

然而好景不长，不久他被调到铁路扳道工的岗位上工作，这个工作很辛苦，劳动强度也很大。他没有抱怨，依然像从前一样勤奋、热情。可是没多长时间他就被解雇了，因为扳道工属于铁路建设中一个暂时性的工作，工作结束的时候，也是他们被解雇的时候。

直到此时，他还没有放弃心中的梦想，他想无论如何也要在铁路上工作。于是他找到一位部门主管，告诉他，只要能让他留下来，让他做什么工作都可以。这个主管被他的诚挚所感动，于是想尽办法把他安排到了另一个部门去做清洁车厢的工作。这份工作又累又脏，但他从未抱怨过，他知道他心中一直有一个梦想，他要努力朝着这个梦想前进。他工作认真、热情，总是充满使命感，努力做到最好。他的实干精神让上司开始对他逐渐器重起来，后来他成为列车上的列车长。此时他工作依然勤奋努力，最后他真的做到了铁路总裁的位置。

心中有使命感的员工时刻把自己的工作放在最重要的位置，他们懂得做好工作是自己义不容辞的责任，在工作中他们不找借口，全力以赴，表现出对公司的无比忠诚和对工作的无比热爱。

在全世界传教的牧师是最有使命感的人，他们怀抱着对信仰的忠贞，行走在条件艰苦的原始森林、高山险滩之间。他们前往与世隔绝的穷乡僻壤、神秘惊险的土著部落，他们一辈子在那里传教，尽管没有人能够理解他们的信仰，他们却始终不忘记自己的使命。他们不图名、不图利，把自己的全部都献给了自己的信仰，他们心甘情愿为了自己的神圣使命而辛苦地工作。

彼得是一家电影院的小职员，这家电影院的生意很不好，一天只放两场电影，看电影的人非常稀少。因为没有什么生意，公司的工作也就相对清闲了很多，他们经常没有事情可做，不仅员工不按时间上下班，连经理也常常不来上班。因此，迟到、缺席成了家常便饭。

当多数人偷懒时，只有彼得还是那么认真地工作，从不偷懒。所以，每天他都是按时上下班，从不迟到。当完成手头的工作之后，如果还有时间，他就把办公室收拾一下，打扫一下电影院。一天天过去了，电影院总是干净整齐。

有一天，当他正在打扫电影院时，老板来了，老板主要是来了解这里经营不善的原因。

此时已经是上午10点钟了，可是偌大一个影院却空空如也，整个电影院只有彼得一个人在工作，其他人都没有来上班。这时，老板似乎明白了影院经营不善的原因，他问彼得："小伙子，你是这里的清洁工吗？"

彼得想也许老板要批评自己，于是很惊慌地回答："我不是清洁工，我是这里的放映员。"

"那你为何要在这里打扫卫生呢？"老板问。

"我已经做好了放映的准备工作，但是还没有到放映时间，我就想用这点时间打扫一下卫生岂不更好。"

老板没说什么，走了。几天后，公司召开全体会议，会上老板指名彼得做电影院的经理，把原来的经理辞退了。

老板说："一个人能守好自己的岗位就说明他很有使命感，说明他把工作当成自己的事来做，这是一种难能可贵的职业精神，有了这种精神还怕没有人来看我们的电影吗？"

彼得当上经理之后，电影院的生意很快红火起来，因为所有人都知道没有使命感的员工迟早会像原来的经理那样被解雇，因而每一个人都很认真地工作，再也没有人迟到、偷懒了。

使命感很强的人总是把工作当成一件非常神圣的使命来对待，无论工作任务多么艰难，都坚决做到不辱自己的使命。

一个心中有使命感的员工和一个没有使命感的员工的工作效率和结果是截然不同的。有使命感的员工总是积极主动、全力以赴，时刻为公司着想。而没有使命感的员工则时常被动消极、马虎大意。有无使命感体现了一个人的工作态度问题。

没有使命感的人总是感觉工作枯燥乏味，他们把工作当成一种负担，而不是一种义不容辞的使命，因此很难将工作做好。而那些有使命感的人心中有着比较清晰的奋斗目标，因而他们能够不懈地朝着这个目标奋进，从而产生强大的奋斗力量，创造出更大的价值。可以说，有无使命感是一个人能否成功的关键，要想获得事业的成功，就先在工作中充满使命感吧！让使命成为你成功的重要阶梯！

第三章
与公司共命运

公司是我们事业的船，我们每一个人都是这条船上的船员，肩负着相同的使命。如果说老板是船长，那么员工就是船员。只有船长而无船员的船是一具空壳，而只有船员而无船长的船则会迷失方向；只有二者配合，才能顺利地在充满危险的大海上航行。

这是你的船

迈克尔·阿伯拉肖夫在其作品《这是你的船》一书中讲了自己亲身经历的故事：

1997年，迈克尔·阿伯拉肖夫接管“本福尔德”号驱逐舰，当时的情况很糟糕，所有的水兵士气消沉，怨气冲天，他们都很讨厌在这艘船上待下去，甚至有的想赶快退役，结束这可恶的工作生涯。

面对这种状况，迈克尔·阿伯拉肖夫毅然接收了这艘驱逐舰的指挥权。他相信，凭借自己的真诚完全可以扭转局面。果然，两年之后，整艘舰上的氛围焕然一新，所有的官兵上下同心，士气高昂，此时的“本福尔德”号已经成为了美国海军的一艘王牌驱逐舰了。

迈克尔·阿伯拉肖夫是如何做到在短短两年之间就扭转局面的呢？

迈克尔·阿伯拉肖夫在书中这样描述了这件事情：

有一天，他到船上视察，发现有两个船员正在那里聊天，他们放弃手头的工作不做，却在那儿聊天，迈克尔·阿伯拉肖夫有些生气，但是他还是压住火气。这时他听到其中一个说：“这么卖命做什么，我只是个小船员，做得好与坏有什么区别呢？”另一个接着说道：“是啊，这艘船又不是我们的，所获得的利润又与我们无关，我们何苦拼命干活呢？”

第二天，迈克尔·阿伯拉肖夫就召开了全体会议。在会上，他说了这样一番话："大家认为这艘船属于谁？"

问题一出，所有人都不明白他究竟想要说什么，大家都不敢发言。这时，迈克尔·阿伯拉肖夫开口了，他说："大家知道吗，这艘船其实属于大家，它不只属于船长，更属于船员，我们共同维护着这艘船，肩负着它的使命，因此，我们就是这条船的主人，我们每一个人都要对自己的船负起责任来。这样，才能共同乘风破浪，面对每一处艰难险阻，共同来战胜困难，向胜利的方向航行。"

公司是我们事业的船，我们每一个人都是这艘船上的船员，共同肩负着船的命运。如果说老板是船长，那么员工就是船员。只有船长而无船员的船是一具空壳，而只有船员而无船长的船则会迷失方向；只有二者配合，才能顺利地在充满危险的大海上航行。所以，每一个人都担负着公司兴旺的使命，只有将自己彻底融入公司，全身心地付出，处处为公司着想，站在公司的角度考虑问题，投入自己的满腔热情，懂得一荣俱荣、一损俱损的道理，才能在公司进步的同时，获得自己的成功，实现双赢。

有的人不懂得这个道理，他们认为公司是与个人完全不同的两个利益主体，甚至是互相矛盾和冲突的。因此，他们总是狭隘地思考问题，只站在自己的立场上处理问题，不顾及公司的整体利益，甚至损害公司的利益。这样的员工不会投入全部的热情，对工作不积极、不认真，自然也就难以得到老板的认可，也不会做出什么突出的成绩来。

企业就是一条航行于惊涛骇浪中的船，在这条船上，老板就是船长，员工则是水手。所有的人一旦上了这条船，员工和老板的命运就从此拴在了一起，无论这条船在海上遇到什么风雨，任何人都不能随便弃权，任何人都有责任与他人共同承担起营救船只的责任。在这条船上，老板和员工是一个有着共同利益的群体，他们有着共同的前进方向，有着共同的目的地，双方绝对不是对立的。IBM、微软、沃尔玛……这些大型企业之所以能够成长为世界一流的企业，就是因为在这些企业里，始终有一批世界一流的员工与这些企业一起奋斗，与企业同发展、共命运。

员工事业的发展很大程度上有赖于公司的发展，只有公司发展壮大了，员工个人才能有更宽广的舞台。如果公司不能发展壮大，个人即使有再大的才能和抱负，也只是一个空想而已。

没有公司就不会有员工，没有公司的发展就不会有员工的发展，因此，时刻维护公司的利益是每一个员工义不容辞的责任。

钢铁大王卡内基曾说："无论在什么地方，都不要把自己仅仅看作公司的一员，而应该把自己看成公司的主人，在公司这条船上携手前行。"

刘辉在一家外企工作，工作辛苦，薪水却并不高。他每天早出晚归，从没有一丝懈怠，相反，他还总是积极主动地辛勤工作。但是，他的辛勤工作并没有得到领导的认可。后来，公司营销部成绩逐渐下滑，决定招聘一些营销精英，他很早便想做营销工作，于是就主动请缨。领导同意了他的加入，但是有一个条件，就是他要到成绩最差、条件最艰苦的西部分公司去开拓新的市场。他同意了。此时，他的家人和朋友都极力劝阻，说那里条件最艰苦，要在那个毫无市场可言的地方开辟新的领域简直是不可能的事。

但是刘辉鼓足勇气去了，他说公司现在正处于弱势，他不能拈轻怕重，他要勇敢地与公司共同闯过这个难关。

刘辉，去了那个最艰苦的地方。那是个什么样的地方呢？住的是废弃的车库，又潮又脏，而且还没有电灯，更没有任何电器产品。想要给客户看一份文件，也没有电脑和打印机，于是他只能自己动手写。在这样的条件下，他总是强迫自己去适应，他没有任何抱怨，更没有退缩。

一年之后，他凯旋而归，他在那个荒芜野蛮之地开辟出了一块绿地，将公司的产品打入市场。

在这一年里，刘辉遭受的仅仅是环境的艰苦吗？显然不是，对他来说，更令他痛苦的是在每一次现实的艰苦面前，他都要面临一次又一次的动摇；可是每次面对动摇，他又默默地告诉自己不能放弃。

三年后，他成为这家公司的市场总监。公司实力大大上升。

公司是事业的船，如果当初刘辉没有意识到这一点，他将不会克服一个又一个困难，在如此艰苦的环境中仍能与公司共同拼搏，走向最终的胜利。

困难留给自己

在你的工作中，你有没有时常把无法解决的问题留给老板，像踢皮球一样一脚踢给老板？你是否认为难题就应该属于老板去解决?如果你有这样的想法，那么你还不是一个优秀的员工，甚至连合格都算不上。

老板雇佣员工的目的是什么？是帮助他解决问题，而不是制造问题；是帮助他分担忧愁，而不是制造忧愁；是为他创造利润，而不是损失利润。

因此，当你把困难的皮球踢给老板的时候，你就要问一下自己是否是一个好员工。在许多企业里，老板不得不亲自去解决一些事情，特别是那些被员工认为的大事情，他们更要亲历亲为。这实在是做老板的悲哀，也是员工的悲哀。

2002年1月22日，一直以来雄居美国第三大零售商的凯玛特（K–MART）百货公司申请破产保护。

从1962年便开始营业的凯玛特是美国屈指可数的“老牌名店”，其悠久的历史远远超过了第一大零售商沃尔玛。1970年，凯玛特在美国零售商中排行第一，销售额是沃尔玛的50倍；1976年，凯玛特拥有店铺超过1000家；1987年，凯玛特成为美国第二大零售商，当年销售额高达250亿美元，超出了沃尔玛的1倍。进入20世纪90年代，凯玛特开始节节败退，而沃尔玛则突飞猛进一跃成为第一大零售商。1994~1995年间，凯玛特一度与破产擦肩而过。此时的凯玛特旗下拥有连锁店2000多家，雇员25万多人，年度营销总收入达到了360亿美元，名列《财富》全球500强的第84位。而沃尔玛同年销售额1915亿美元，居500强第2位。

2001年，曾经辉煌的凯玛特负债103亿美元，股票狂跌，跌出全球500强。而此时随着美国经济的衰退，失去实力的凯玛特此时已经无法支撑，最后终于走上了申请破产保护的道路。

一个曾经赫赫有名的大企业竟然在很短的时间内崩溃了，造成这个悲剧的原因何在呢？

此时，很多人都在思索这个问题，而在1990年凯玛特的一次会议上，人们找到了答案。

1990年正是凯玛特走向顶峰的一年，也是它开始走下坡路的一年。这一年，凯玛特召开了一次总结会，凯玛特的一位高级经理认为自己遇到了一个十分棘手的问题，他不知道该如何去解决。于是他向坐在身边的上司请示。而这位上司想也没想，就转向他的上级请示：上司的上司又转过身向自己的上司询问……就这样，一个小小的问题，最后竟然一直问到总经理帕金那里。

当凯玛特申请破产之后，这位高级经理回忆说："如果问凯玛特真正失败的原因何在，那就看一下这些总是把问题留给他老板的人吧。在凯玛特遇到难题时，竟然没有人发表意见，总是等着最高领导发话才肯执行。试想，这样的一个团体如何有实力与别人竞争呢？"

曾经一度辉煌的一家企业就这样从成功走向了失败，造成它失败的原因正是内部员工的互相推诿，在遇到问题时，没有人竞相解决，而总是把问题交给老板。这样的企业是一个没有前途的企业，因为内部人员对工作的不负责，使他们丧失了解决问题的力量。

在遇到困难时，不是主动去寻求解决的办法，而是直接推给老板："您看怎么办？"这样看似不是在找借口，但事实上，"您看怎么办"这句话背后隐含的意思就是：这件事很麻烦，我觉得自己无法解决，还是您亲自解决吧。

山姆·沃尔顿说："一个优秀的员工不会时常说：'我做不了，我要去问老板。'总是征求老板意见的员工其实并没有真正履行他作为员工的责任。"

把困难的皮球踢给老板的员工其实是不负责任的表现，也是害怕承担责任的表现。他们害怕做错事，害怕给公司带来麻烦，害怕随之而来的惩罚和责任。于是在困难面前，他们认为把问题推给老板是理所当然的事，因为老板是公司的负责人，他们自己是否能解决问题就与他无关。他们认为：不管这件事我是否去做，是否做得了，老板肯定会去做，他一定会对事情负责。

抱着这样的想法，他们便心安理得地将问题交给了老板。但是，在老板眼中，他从此将会成为一个胆小怕事的角色，老板会认为他缺乏最起码的责任感、主动性和独当一面的能力。因而，他就注定以后难以得到老板的青睐了。

以这种态度工作的员工是危险的，如果你事事如此，在做之前不能尽力去做，做了之后不敢承担责任，那么你就失去了作为一名员工的意义，你就会面临着被解雇的危险。因为一个不能替老板做事的员工是一个毫无价值的员工。

作为企业的一员，你的命运是与企业紧密相连的，你的发展前途也是和企业息息相关的，因此，为企业解决问题就是为自己解决问题，对企业负责就是对自己负责。如果在遇到问题时，你能勇敢地去面对，并且想方设法去解决，那么你就真正成了老板的得力助手，因为在解决问题的时候，你要把自己当成公司的主人，而不是一个旁观者。

因此，作为一名员工，你要时常问自己：“我能为公司做什么？”“我能为老板做什么？”当你在主动去做事的时候，主动为公司解决难题的时候，你已经成了公司不可或缺的人物，成了老板最器重的人才。

当你的老板被公司的事务缠得焦头烂额的时候，作为员工的你应该怎么办呢？

当老板交给你一件比较棘手的工作而你又从来没有做过的时候，你该怎么做呢？

当多数人都不想去做那件也许会给自己带来麻烦的事情时，你该怎么做呢？

你是“避之惟恐不及”，还是主动请愿，去做“最傻”的工作呢？

当老板在工作中遇到困难、迫切需要帮助的时候，你所应该做的就是挺身而出，危难时刻施以援手。这样一旦他的难题获得解决，你就会赢得老板的欣赏。

任何老板欣赏的都是富有勇气、敢作敢当的员工。而那些面对困难、面对麻烦便想着逃脱的人是永远也不会有人欣赏的。

那些看起来容易的工作实际上更有争取的价值，它更能展露出一个人的才华和勇气。对于肯做肯干、不斤斤计较，懂得不让浅显和琐碎的问题烦扰老板的员工，老板往往印象深刻。因为他可以依赖。

时刻站到老板的位置主动替老板思考问题、解决问题的人才是老板最需要的人。

重视自己的工作

无论你所从事的是什么工作，都要认真对待，要努力去做好。古人云："一屋不扫，何以扫天下？"任何工作都没有高低贵贱之分，不要以为你的工作很卑微，就感到委屈了自己，从心理上轻视它，从而不认真工作，敷衍了事。其实，所有的工作岗位都是重要的，每一份工作都是有价值的。

有的人感到自己从事的是一份不起眼的小差事，地位低下，自己简直是可有可无的小角色。从而就从心理上不重视自己的工作，感到即使做好了也没有什么价值可言。这样的人在一定程度上轻视了自己的价值，看似是对工作的不尊重，其实是对自己的不尊重。工作需要我们每个人认真对待，它代表了我们对待自己生命的态度——负责还是敷衍。工作是我们一生中最重要的事，因此重视你的工作无论对工作本身而言还是对你的生命而言都是非常重要的。

曾经有一个女孩，她勤奋好学，自学高考英语专科，成绩优异，获得了英语专业等级证书。毕业前一年，她看到报纸上IBM公司招聘员工，职务是勤务员。她很想进入这家公司工作，就投递了自己的简历，最后，在众多人中她成为被选中的少数。

在接下来的工作中，她扮演的是一个卑微的角色：沏茶倒水，打扫卫生，完全是一种体力劳动，不需要动脑。但是她没有因此而有丝毫的懈怠，相反她认认真真地干了起来，并且干得很好。她相信任何工作都是有价值和意义的。

然而，她自己寻找到的这种内心的平衡很快被现实打破了。有一次，她出去买办公用品，之后一个人推着平板车回来，走到大门口时被门卫拦住，故意要检查她的外企工作证。她没有这个证，门卫就不让她进去，于是两个人就这样僵持在门口。当时进进出出的人很多，人们都投来异样的眼光，这让她感到了莫大的屈辱。从此，她在心中暗暗发誓："以后绝不允许别人把我拦在任何门外。"

工作的卑微让她的确感到了从未有过的屈辱，但是她告诉自己这只是人们的传统偏见而已，别人怎么想，她没有办法阻止，只要她自己从心里重视自己就行了。于是，她又充满热情地投入到工作中，把自己的这份勤务员工作干得更好。

重视工作的人，工作也同样重视她。很快，机会来临了。一年之后，IBM公司有一个计算机资格考试，通过的人就会有机会被安排到香港接受培训。当时她很想参加，但是她并不具备报考资格，后来经过多次向人事经理申请，她获得了参考的资格。结果她一试通过，有了去香港接受培训的机会。

从香港回来之后，她做了5年的销售员，后来又出任IBM华南分公司总经理。又过了几年，她便成为IBM中国销售总经理。

她的名字叫吴士宏。她从一份被人们认为最不起眼的工作做起，认认真真地做好，不因工作的卑微而有一丝的懈怠，正是这种对工作的重视使她获得了后来的许多机会，改变了她的人生。如果当初她一味抱怨自己的工作，对工作产生轻视和厌恶心理，那么她就不会有以后崛起的机会，更不可能在后来取得一次次优异的成绩。

天下任何的工作都有它存在的理由，公司里也是如此。任何一个职位都是不可缺少的，正如机器上的螺丝钉，少了它机器就无法正常运转。螺丝钉虽然渺小，但是它所起到的作用却是巨大的。因此，任何人都不要有轻视自己工作的心态，哪怕你是一名清洁工，如果能认真去做，也照样能做出一番成绩来，得到人们的认可。

想要让老板重视你，你就要首先重视你的工作，在自己的岗位上干出一番成绩来，而不是整天抱怨自己工作的卑微。那些轻视自己的工作、将大部分心思都用在抱怨工作以及如何摆脱现状的人，在任何工作中都无法有所成就，当然也就无法得到老板的重视，那么他也很难在事业之路上走得顺利。

重视自己的工作体现了你对工作的责任心和敬业精神。一个重视自己工作的人，总会对工作负起百分之百的责任，他不因工作的卑微而有所怠慢，也不因人们歧视的眼光而有所疏忽，他时常在自己心中告诉自己：这就是我的工作，我如果不重视，那么就别指望别人来重视了，只要我将工作做好，就一定能赢得别人的重视。

曾经有两个17岁的男孩小军和小民，因为家庭贫穷而过早地失去了读书的机会，他们来到大城市的一个建筑工地做建筑工人，靠出卖体力挣取微薄的工资。每天他们要在早上5点起床，晚上8点下班，中午只有1个小时的吃饭时间，根本就没有休息的空隙。尽管很累，但他们总是忍着，让自己慢慢适应这种辛苦而繁重的工作。

工作很累也就罢了，当他们行走在大街上时，还有人会投来鄙视的目光，好像他们做了什么见不得人的事，这让他们感到很受伤。慢慢地，小军有点受不了这种身心备受摧残的工作了，他对小民说：“整天搬沙子和石灰，整天累得要死，还没有一点地位，我不想过这种生活了。我要回家。”小民劝他不要离开，说：“别人如何看不起我们不要紧，关键我们自己要看得起自己，看得起自己的工作，我们是为自己工作的，所以自己要重视这份工作才对。”小军听不进小民的劝解，执意要走，于是他离开了。

小民留了下来，他相信凭着自己的努力，一定可以做出点成绩来。几年之后，小民由于工作积极、认真，已经升任到组长的职位了，他不再像原来那样累了，工资也高了许多。而小军呢，他自从回家后就好吃懒做，轻松的工作他干不了，劳累的他又不想干，几年下来，他什么都没干成，家里还是一贫如洗。

海尔集团总裁张瑞敏曾说：“把每件平凡的事做好，就是不平凡；把每件简单的事做好，就是不简单。”不管所从事的工作是什么，都要认真对待，以重视的态度努力做好，这样才能做出一番成绩来，让自己的事业之路更加宽阔。

重视你的工作，因为你是为自己工作，而不是其他任何人。把工作当成自己的事业来做，才能真正重视现在的工作。虽然公司不是你的，但公司至少给你提供了一个平台，给你空间和机遇去做事情，如果你不珍惜，就等于在浪费自己的时间和生命。如果你努力，也许将来某一天你会有自己的公司，你会发觉你以前做事的经验对你将起到很大的帮助。所以，重视你的工作就是对自己的生命负责。

团结才是取胜的关键

从前，有三个和尚相遇在一所破寺庙里。这座寺庙破败不堪，年久失修，墙壁斑斑驳驳，地面脏乱不堪。

“这所寺庙为什么荒废了呢？”这三个和尚都异口同声地说。

年龄最长的和尚甲说：“必是和尚不虔，所以菩萨不灵。”

接着，年龄稍长的和尚乙说：“必是和尚不勤，所以庙宇不修。”

最后，年龄最幼的和尚丙说：“必是和尚不敬，所以香客不多。”

三个人都坚持自己的观点，争执不休。最后，他们决定留下来，各尽其能，看谁最后能改变这个破烂的庙宇。

从此，这三个和尚开始了辛苦的工作。甲和尚礼佛念经，乙和尚修缮庙宇，丙和尚化缘讲经。他们各自负责各自的事情，都负责得井井有条。不久，庙宇果然香火渐盛，他们拿出一部分钱修建了庙宇，先前破败的庙宇终于恢复了往日的壮观。

此时，面对成果，这三个和尚都争相述说起自己的功劳来。

甲和尚说：“都是因为我礼佛念经，所以菩萨显灵。”

乙和尚说：“都是因为我勤加管理，所以寺务周全。”

丙和尚说：“都是因为我劝世奔走，所以香客众多。”

三个人又开始争执起来，而且各不相让。由于他们只顾着争论，忽略了寺庙的各种事务，寺庙里的香火渐渐稀少下去。最后，他们不得不各奔东西。就在他们即将告别的时刻，他们才醒悟过来，得出一致的结论：寺庙的荒废既不是由于和尚的不虔，也不是由于和尚的不勤，更不是由于和尚的不敬，而是由于和尚的不睦。

做任何事，只有和睦、团结才是取胜的关键，而单打独斗则永远无法做出成就来。一个不团结的团队是一盘散沙，缺乏强大的凝聚力，自然很难有战胜一切的力量。成功人士都懂得团队的重要性，他们善于与人合作，因为他们知道，一个人是无法孤立生存的。想要成功必须依靠众多人的相助。因此，世界500强的公司都把增强员工的团队意识作为他们培养员工的重要内容。

除了人类具有合作的意识，在动物界也同样懂得合作的重要。合作是它们生存的必要手段。如果没有合作，它们不仅连食物都捕不到，还很有可能被敌人吃掉。因此，合作永远都是这些动物生存的法宝。如果你看到一只小鸟停在一只犀牛背上啄东西吃，你不要以为是这只小鸟在欺负犀牛，实际上，小鸟在帮助这只庞大的犀牛清除垃圾，它把寄生在犀牛背上的虱子和虫子都啄掉，这是对犀牛的帮助。类似这种双方都受益的例子在动物界举不胜举。

狼是一种懂得与其他动物和谐相处的动物，与其他动物的合作，通常是为了达到彼此的需要——觅食。狼族与大乌鸦之间的合作，就是其中最为典型的例子。

大乌鸦是极其优秀的高空搜索者，它能发现距离很远的动物，当它在高空发现受伤或死亡的猎物时，它就会快速将这个信息传达给大乌鸦群与狼群。然后，它充当它们的信差，带领彼此的族群到达猎物所在的地点。它为什么要将自己发现的食物分给别人呢？因为这些大乌鸦懂得只有合作才能双赢的道理，它懂得要想自己吃到食物，就必须与狼配合。因为，野狼强壮的爪子可以为大乌鸦撕开猎物的躯体，为彼此提供充足的食物，以应付危机四伏的原野生活。

对于狼来说，大乌鸦为狼族扮演着传达讯息和清理食物残渣的角色。对于大乌鸦来说，狼族为大乌鸦扮演着剖开猎物的刺刀角色。它们相互合作，相互受益。它们既是竞争对手人，又是伙伴——为了生存，它们共同对付另外一个敌人，这就是相互合作的生存方式。这种合作关系，让它们双方在适者生存的动物界中都得以繁衍生息。

狼除了与大乌鸦的这种合作之外，还与狈有着比较特殊的合作关系。我们古语有句话叫作“狼狈为奸”，说的就是狼与狈的合作关系。狼和狈，是两种长相十分相似的野兽。传说中狈是很狡猾的，但由于它的后腿太短，跑得太慢而无法捕捉到猎物。狼虽然四肢强壮，跑得很快，也很凶悍，但是狼却十分莽撞，头脑比较简单，因此总是想不出巧妙的办法捕食。它们总是东一头西一头地到处乱窜，逮不着猎物就嗷嗷直嚎，根本就不动脑子想办法。

这时，两种都吃不到食物的动物就商量如何合伙来捕食了。经过一番讨论，它们商量出了一个好办法：狼背着聪明的狈去捕猎，狈的任务是动脑子出主意，狼的任务则是根据狈的方案去围猎捕食。

狼和狈在一起捕猎时，狼用前腿，狈用后腿，它们互相结合，既跑得快，又站得高，还能攀进羊圈，叼走羊只。这样狼和狈都解决了各自的问题，并且还能轻易地吃到食物。

狼和狈的合作是明智的选择，它们首先意识到各自的不足，然后它们懂得利用对方的长处弥补自己的不足，为了共同的目的而合作。这点很值得我们人类学习。我们人类很少能全面认识自己，而且不善于利用别人的优点来弥补自己的缺点。很多人总是自以为是，不愿与人合作，这样的结果只能使他们更难走向成功。

看似凶残的狼是一种善于合作的动物。狼不仅善于与外界合作，更重视它们内部之间的合作。

在一个狼群里，它们有严格的等级划分，所有的狼都必须听命于狼首领的意见，否则就会被抛弃。因此，狼都很懂得团队的重要性。

在对待外界的敌人上，狼更表现了无比强大的合作力量。在攻击过程中，各个狼都坚守好自己的岗位，带头的狼负责不顾一切地向目标扑去，诱敌者避实就虚、声东击西，协助者左蹿右突、嗥叫助阵，这种高效的团队协作往往使它们攻无不克、战无不胜。但是，如果只有一只狼，它们则有可能成为老虎或狮子的“盘中餐”。在群体活动中，如果有谁受了伤，其他的狼不会独自逃走，并且会在战斗中倾尽全力去保护同伴。而当母狼产下狼崽后，其他的狼会主动担当起保姆和保镖的责任。它们会轮流看护小狼崽，当狼长大后还会主动与它们嬉戏，教给它们如何躲避敌人、如何攻击敌人等。

狼与狼之间的合作是狼在动物界保持强大地位的决定性因素。在动物界，很多动物都天生懂得合作的重要性，因为它们知道离开了团队自己将无法生存，虽然它们内部也有残酷的竞争，但是相对于外界来说，内部除了争斗，还有共同制敌的团结性，所以，大多数动物都必须依靠团队生存下去。

独木难成林，再优秀的个人如果不与团队协同作战，也难以取得较大的成就。在公司里，只有每一个员工团结起来共同努力，才能使公司的整体业绩提升。在公司里，我们总是发现很多很有才华、却喜欢吃独食的员工，他们是老板最为头疼的对象。因为他们总是很少替公司着想。有一个总经理曾经在某大公司任策划部主任，在那里有一个非常没有团队意识的员工，他说："我的部门有这样的一个年轻人，他学历高，知识丰富，头脑灵活，他的策划创意非常好，但是有一点让所有的领导都很不解，也很生气。在公司开策划会的时候，领导征求每个人的建议时，他就不发言了，就是问到他头上，他也有所保留地说出自己的想法。可是，当领导要求他自己出策划方案时，他的创意又实在漂亮。这样的员工让我们每一个领导都很气愤。我曾不止一次地找他谈话，我告诉他一个团队是大家一起创造的，要有团队精神，要懂得合作。而他依然我行我素，认为不是他自己的事他没有义务去做。这样的一个没有团队意识的人，即使再出色也无用，因此我毅然辞退了他。"

一味追求个体荣誉感的员工难以与他人很好地合作，他们总是强调自己的力量，而不愿与别人共享。这样的人即使再有才华，对于公司来说，也没有任何用处。

个体永远有赖于团体才能生存，团队利益永远高于个人利益，个人目标要永远服从团队目标，二者是辩证统一的关系。因此，作为团队里的个体，要时刻以大局利益为重，扮演好自己的角色，贡献自己的一份力量，为团体的发展而付出自己的努力。

尽心尽力做好工作

《圣经》里记载了一个这样的故事：一天，耶稣和他的门徒坐在教堂门前，看门徒们捐钱。一个有钱人捐了1000两银子，人们都赞叹不已。接着，一个穷老太婆捐了两文钱，人们都纷纷指责她捐得太少。而耶稣却说，她捐的是最多的，门徒都迷惑不解："刚才你亲眼看到那个富人捐了1000两银子，而这个老太婆捐的却是两文，哪个多哪个少你应该知道啊！"耶稣说："是啊，虽然两文不及1000两，但是那个富人捐出的只是他财富的一小部分，而这个老太婆捐出的却是她的全部。因此，她是最值得尊敬的。"

一个人的价值不在于他拥有多少，而在于他贡献了多少。一个人是否可以实现自己的价值，不在于他有什么丰功伟绩，而在于他是否充分贡献了他自己的力量，为别人创造了财富。

工作是为了创造价值，公司雇佣你的目的也是为了创造价值。那么一个员工的价值大小如何衡量呢？关键不是看他本身的能力有多大，而是看他是否付出了自己的全部力量，是否全心全意地贡献了自己的价值。一个人的能力有大有小，但是如果一个人拥有十分的才能，却只付出八分，那么他就不能算是个优秀的员工。而一个人拥有八分的才能，但是他付出了全部，那么他就是个值得尊敬的好员工。因为，他贡献了自己的全部。

1976年，瑞典皇家学院将诺贝尔和平奖颁发给在印度为穷人服务了40多年的特瑞莎女士，而没有给促成阿以和平的卡特总统。当时颁奖的时候，皇家学院的颁奖人说了一句这样的话：“因为她付出了自己的全部。”

付出全部意味着你对工作的负责，当你付出全部之后，你才能收获更多。生命的意义在于不断地付出，一分付出一份收获，一个不懂得付出的人也不会明白收获的喜悦，更不懂得付出的意义。很多员工只知道被动地工作，认为只要完成自己分内的工作就行了，他们从来不会尽心尽力、全心全意为公司着想，他们从不会想：“我还能为公司做些什么？”他们认为完成自己的本职工作就万事大吉了，从不去主动寻求更多的事情去做。这样的人很显然是没有工作积极性的，他们把工作当成自己生存的工具，而没有当成实现自己价值的舞台。他们不想付出自己的全部，也就无法创造更多的价值，当然也就不能得到重用。

不管你拥有多大的才能，都要尽自己全部的力量去做事。当你付出了全部，你才能有更多成功的机遇。

张磊工作一直比较顺利，他在某大型企业做技术主管，工作成绩突出，深受老板的信任。但是最近，他因决策失误给公司造成了巨大损失，老板一气之下就将他辞退了。

这是张磊自从工作以来第一次被解雇，他觉得内心受到了极大的侮辱，这对他是个严重的打击，一向追求完美的他无法容忍自己的失败。那段时间，他快要崩溃了，他觉得自己成了被众人嘲笑的对象。“我是个失败者”，他一直无法原谅自己，就这样整日无所事事，浑浑噩噩。他的朋友都劝他不要气馁，但是他全然听不进去，他觉得自己很失败，不再是个完美的人，那种事业的残缺让他觉得失去了工作的意义。

这种状况一直持续了很久，直到有一天，他到街上散步，看到一个没有脚的人。这个人看上去是个跟他年龄相仿的女孩，她坐在轮椅上，艰难地用手推动着车轮向前走。她怀里抱着一个琵琶。张磊觉得女孩挺乐观，他不知道女孩抱着琵琶要去做什么，好奇和同情使他上前推起女孩的轮椅。

女孩回过头朝他甜甜地笑了，她说她自己完全可以应付得了。张磊问她要去做什么，女孩说她办了一个琵琶学习班，她要到街上为自己做宣传。女孩说她从老家出来5年了，从刚开始的一无所有，到现在的稍有成就，都是她永不放弃的结果。她说自己虽然身体残缺，但生命是完整的，所以就没有任何理由不付出自己的全部，去争取完整的人生。看着女孩的笑脸，张磊突然觉得很惭愧，他想自己连一个残疾人都不如，一个没有脚的人尚且有勇气乐观地面对生活，我一个身体健全的人有什么理由不能面对呢？有什么理由浪费生命、浪费青春呢？

接下来，他不再颓废，他很快振作起来，找到了一份新的工作。

有的人对自己的工作总是心存抱怨，时时敷衍。他们本来可以做得更好，却因为懒惰而偷工减料，马虎大意。这样的员工对工作没有足够的热情，很难付出自己全部的力量去认真做事，自然也就难以有所成就。

有的员工认为做好自己的本职工作就可以了，公司其他的事情一律与自己无关。于是，当领导交给他额外的工作时，他们总是推脱敷衍，生怕干多了会吃亏。但是，如果你总是如此斤斤计较，那么公司也就不会对你委以重任。

赵军是一家公司的经理助理，有一天晚上，公司临时有非常紧急的任务，这件事情需要所有员工的协助，才能及时完成，不然将给公司造成巨大损失。当赵军将经理的意思传达给公司的员工时，很多人都表示这不是他们分内的工作，他们不会去做。只有一个员工自告奋勇，说愿意加班加点，争取在明天之前就完成。于是这个员工牺牲了自己的休息时间，主动加起了班。一直干到深夜，他才离开。

这个员工是新来的小王，尽管从工作经验上来说，他没有其他老员工经验丰富，但是他的工作态度和敬业精神却是那些老员工所没有的。因此，很快小王便脱颖而出，成为老板器重的人。

社会在发展，公司也在不断发展、壮大，只有付出自己全部的力量去做事，才能学到更多的东西，获得更多的精彩。那些不愿多做一点事情、对于额外的工作斤斤计较的人将很难得到锻炼自己的机会，同时也失去了发展的机会。

作为一名员工，只有付出全部的力量尽心去做事，才能有更多的发展空间，最终实现自己的价值。

第四章 与公司同风雨

在关键时刻，与老板同风雨是一种不菲的感情投资。这种感情投资会让老板记住你曾是他的恩人，有良知的人会在心里记得你曾对他的帮助，并且会在适当的时候予以回报。因此，不要在你的老板危难时临阵脱逃，要懂得付出必有回报，要懂得用你的力量与你的老板并肩作战。如果你真诚地付出了，那么任何一个老板都会深深感激你。困难时你帮了你的老板，那么当他从困难中走出后，他一定会重用你，助你走向事业的成功之路。

与公司同风共雨

有一个名叫林子明的年轻人，他刚毕业时在一家著名的广告公司工作，老板叫何勇，年龄比林子明稍微大几岁。何勇是一个比较聪明而且有头脑的企业家，他为人亲和，做事认真，林子明真心地佩服他，希望跟着这位老板干出一番事业来。

林子明主要负责帮老板签单、拉客户，虽然工作时间不长，但是他却经验老道，这可能是因为他经常在老板身边做事的原因。他谈吐文雅，深受客户的喜欢。

后来，公司承担了一个大型项目的策划——在城市的各条街道做广告。在全市的每条街道做10个广告，总共至少要几千个，这个项目给公司所带来的经济效益和社会效益都是不可估量的。公司的所有员工都对这个消息万分惊喜，他们满腔热忱地投入到工作中。

正当大家兴致勃勃之时，老板何勇却突然宣布了一个消息：本月工资到下个月才发。原因是公司所承接的这个项目耗资巨大，公司资金暂时有些周转不过来。为了打消大家的疑虑，何勇还说："大家放心，这只是暂时的，等下个月公司周转开，我会及时发还给大家的。现在请大家多多体谅。"当时所有的员工都相信老板所说的是实情，都表示没有问题。而此时林子明却在一旁暗暗地想："公司现在正是资金紧缺的时候，如果大家都能够伸出援助之手帮助公司集资，这样对公司来说是一个莫大的帮助。"

可是好景不长，不久，当这个项目审批下来的时候，资金更加紧缺，公司完全陷入停滞状态。现在别说员工的工资发不了，就连平时的日常开支也不能应付了。公司前景暗淡，所有的人都觉得这样下去不是办法，此时林子明向老板说出了心中的想法：全体员工集资。

老板此时心灰意冷，他沮丧地说："能集多少钱啊？公司现在需要的不是一个小数目，就是能集几十万也无法解决问题啊！这些钱只是杯水车薪，很难应付整个局面的。"

后来，公司召集全体员工开会，当老板刚将公司的现状陈述之后，接下来的几天，很多员工都陆续辞职了，偌大一个公司，此时员工所剩无几，剩下的也是人心涣散，没有拿到工资的人将老板的办公室围得水泄不通。这样的场景令林子明感到伤感。他是一个重感情的人，因此就决定在这个时候留下来。

他相信沙漠里也有绿洲，奇迹任何时候都是可以出现的，因此当有人高薪聘请他时，他竟然婉言谢绝了。

他说："我心里有一杆秤，我的良心不允许我那样做，我绝不会抛弃现在的公司，只要它一天没有倒闭，我就会死死守住阵地。"

老板已经到了崩溃边缘，但林子明却过去安慰他。老板不解地问："为什么别人都走了，你却依然留下来？"他说："既然已经上了这条船，那么当船遇到危险，应当做的是想办法解决问题，同舟共济，而不是临阵逃脱。"

后来，公司摆脱困境，逐渐步入正轨，很快获得了较快的发展。在一次大会上，老板感叹地说："要不是当初林子明与我并肩作战，哪里会有我的今天啊。"之后，林子明就被提拔为副经理，成了业界颇有声誉的名人。

林子明的成功一方面来源于他本身的才能，另一方面也在于他有着与多数人不一样的忠诚精神。当公司在发展过程中遇到了困难时，能够勇敢地与公司并肩作战，共同面对风雨，这是一个具有高度责任感的人所具备的优秀品质，也是现在很多公司最需要的职业精神。

公司发展的道路上难免碰到风雨，此时，你是转身离开呢，还是坚持留下来与公司并肩同行？愚蠢的人选择前者，他们认为公司又不是自己的，它的兴亡与自己毫不相干，公司不行了，自己又何必待在这里呢？聪明的人选择后者，他们认为自己是公司的一员，就应该自始至终地追随公司。公司遇到困难只是暂时的，如果携手并肩作战，就一定能够渡过难关，赢得美好的未来。

可是，看一下如今的大多数人，特别是职场新人，他们总是认为自己与公司是对立的关系，忽略了二者还有统一的一面，因此当公司遭遇困难时，他们首先所做的便是临阵逃脱，另谋出路，至于公司是死是活，他们就完全不再顾及。

其实，员工应该具有与企业共风雨的意识，这是一个员工对公司忠诚之心的表现，也是责任之心的表现。一个对公司忠诚、负责的人能够时刻以公司利益为重，能够站到公司立场考虑问题，和公司共同抵御外界风雨，共同迎接困难，走出困境。这种员工自然是老板最喜欢的员工，也是可以委托重任的员工，当机遇来临时，老板最先想到的人就是这些能与他共风雨的员工。

怀着快乐的态度去工作

在美国，工作被认为是一件快乐的事，它让人富有创造力并且心情愉悦。这种观念也被全球的企业所接受。一项对美国成功人物的调查结果显示：他们之中95%以上的人，都感到工作带给了他们快乐。他们在做着他们最喜爱的工作。这就说明是否能感到工作的快乐与成功有着相当大的关系。事实正是如此，一个从工作中感觉不到快乐的人，不管他如何努力，都绝对不会做出什么优异的成绩。

什么是快乐？快乐是人的心理得到满足的一种状态。人的快乐分为三个层次：一是肉体的快乐，即食、色、温、饱之类生理需要，满足则感到肉体的快乐；二是情感的快乐，比如交往、被关爱、受尊敬的需要，满足则感到情感的快乐；三是精神的快乐，包括头脑和灵魂，头脑有进行智力活动的需要，灵魂有追求和体悟生活意义的需要，二者的满足使人感到的是精神的快乐。

精神的快乐是人追求的最高快乐，这是毋庸置疑的，它远比肉体的快乐更持久也更美好，因为人是有思想有精神的动物，这是人与动物的主要区别所在。而工作正是获得精神快乐的主要途径，实现这种快乐有两类途径：一类是接受的，比如阅读、欣赏艺术品等；另一类是给予的，就是工作。正是在工作中，人的心智能力得到了积极实现，人感受到了生命的最高意义。正如纪伯伦所说：工作是看得见的爱，通过工作来爱生命，你就领悟了生命的最深刻秘密。

快乐是每个人都渴望的，忧愁伤心是任何人都不希望拥有的，但是却很少能有人真正得到，因为人们活着有太多的烦恼，为凡世中的种种事情所负累，当然也就难以时时快乐，事事快乐。自从潘多拉的魔匣被打开以后，烦恼、痛苦等与快乐相反的东西都一古脑儿地降临人间。于是我们就不可能永远快乐。我们哪一个人都不是生活在“世外桃源”，所以每个人都会受制于他所处的环境，乐天派也好，忧愁者也罢，哪个能逃脱得了所遇到的幸与不幸呢?而快乐就成了人们一种很自然的向往。

但是，永远快乐是不可能的。钱钟书有一段非常精彩的话阐释了这个道理：“‘永远快乐’这句话，不但渺茫得不能实现，并且荒谬得不能成立。快乐绝不会永久，我们说永远快乐，正好像说四方的圆形、静止的动作同样地自相矛盾。在高兴的时候，我们的生命加添了迅速，增进了润滑……你要永久，你该向痛苦里去找。不讲别的，只要一个失眠的晚上，或者有约不来的下午，或者一课沉闷的听讲……人生的刺，就在这里，留恋着不肯快走的，偏是你所不留恋的东西。”

虽然我们不可能永远快乐，但是我们能够让快乐多一点。据说康德在其一生中，从未离开柯尼斯堡10英里以远。达尔文在周游世界以后，余生就是在他自己家里度过的。马克思在不列颠博物馆过的时间，也占据了他一生大部分的时间。伟人们追求的快乐并不是那种在外人看来兴奋刺激的快乐，而是通过坚持不懈的劳动来取得伟大成就的那种深沉的快乐。这种劳动对很多人来说是痛苦，所以，“你要快乐，你该向痛苦里去找”。

有人会说，现实中我们活得那么累，整日为了生计而奔波，而且还会遇到许多烦恼，就算不遇到大风大浪，每天也会有不计其数的小烦恼，这种情况下要我们保持良好的心态，要坦然要乐观，谈何容易呢?

是啊，工作中有数不尽的烦恼和忧愁，今天我们可能被领导批评了一顿，明天可能跟客户吵了一架，后天可能跟同事有些不愉快，这些烦恼都会或多或少地影响我们的心情，减少我们的快乐。可是，外界的风雨我们管不了，自己的内心我们还不能管吗?无论外界如何，只要我们始终在内心保持着一份乐观，一分悠然，那么，工作还会尽是烦恼和忧愁吗?

也许有人会说：“我的生活除了工作，还是工作。我的一生，短暂的几十年里，时间大多被工作占据，工作也成为我生活中最主要的内容。我没有了自我，哪里还有快乐可言？”

抱着这种想法的人很难在工作中发现工作的乐趣，他们把工作当成痛苦，当成一种不得不做的苦役，整天抱着奴隶的心态做事，能做好吗？答案是显然的。在工作时，我们常常看到这样两种情况：有的人愁眉苦脸，按部就班，上级交待什么，自己就做什么，上班常迟到，期待能早退。天天抱怨工作辛苦，至于工作完成的质量如何并不关心。他们这样日复一日、年复一年，可以想见他们工作的质量如何。他们这样的结果只能使自己日渐颓废。而有的人笑容满面，自然工作起来就热情高涨，工作效率也就很高。他们上班来得早，下班走得晚，不但保质保量完成工作，而且会对积极工作提出一些合理化建议。长此以往，随着他们工作水准日上台阶，他们个人的薪水、职位也自然会一路直升。

同样的一份工作，不同态度的人去做就会得到不同的结果。为什么？

答案很简单，就是在于“快乐”二字。前一类人看不到工作的快乐之处，他们只把工作当成工作，工作就是被动地为老板服务，干好干坏与己无关，能省力就绝不出力。而后一类人把工作当成自己的乐趣、事业，他们认为工作不但为自己带来收入，保障生活温饱，而且在工作中充实了自己的人生，使自己得到了锻炼，这是一件极其快乐的事。因此，自然他们也就能有非常美好的人生。

在工作中保持快乐的心情是每一个人的心愿，因为工作伴随我们一生，于是，在工作中能否保持快乐的心情就决定了我们的一生是快乐的还是忧愁的。我们可以快乐地工作，也可以忧愁地工作，这两种心情有着两种截然不同的工作结果，也就有着两种截然不同的人生。

工作中难免出现各种问题，职场中有顺利，也有挫折；有欢喜，也有痛苦，但是不管是什么样的情况，我们都要保持平和的心态。我们以什么样的心情对待，很多时候决定了我们的工作能否做好。快乐地工作是一种良好的工作态度，只有快乐，才能保持良好的工作状态，做好自己的工作。

有人认为工作与快乐是无法统一的，因为工作是件既劳累又痛苦的事，它无法给人带来任何快乐。抱有这种想法的人还没有真正认识到工作的意义，毫无疑问，在现实生活中，我们工作的最大目的是为了保证生存，很多人都还必须为谋生而工作。因此，在谋生与快乐之间就很难实现一致。要谋生就必须看重薪水的高低，而这往往又无法兼顾到快乐。那么，最理想的情况是谋生与自我实现达成一致，做一份薪水高且自己真正喜欢做的事情，这也许就是最理想的状态。但是如果二者不能兼顾，就要学会平和自己的心态，要懂得仅仅把工作作为谋生手段是不快乐的，而把工作作为人的心智能力和生命价值的实现则是快乐的。

在人的一生中，很大的名望不重要，很多的财富也不重要，但工作的乐趣却是非常重要的。要从工作中得到乐趣，首先不要让自己变成工作的奴隶，而要让自己变成工作的主人。无止境的工作状态其实是对生命的不负责。一心追逐金钱和名利是极端狭隘的思想，如果有这样的想法，那他就无法真正从工作中体会到快乐。其实，工作不只是为了生存，而是为了赋予个人的生命以意义；工作也不只是为了生活，而是赋予个人的经历以光彩。

今天大多数青年人对工作的认识还比较浅薄。某网站发起的“中国大学生最佳雇主调查”表明，在大学生对雇主的评价中，最被他们看重的是全面薪酬和品牌实力两个因素。而对工作是否能让自己快乐却没有注意到。他们没有任何内心要求，工作的惟一目的就是挣钱。在他们的观念里，薪水越高就越是好工作，而对于能否得到快乐却没有丝毫的概念。这是一件非常可悲的事。

现实中还有一些人在一份工作中无法感受快乐的时候，就产生换工作的念头。其实，这是不正确的想法。如果你的心态不能改变，那么即使换再多的工作，也不能使你感到快乐。能否快乐关键是你的心态，而不是工作本身。因此，与其换工作，不如更换自己的工作态度，享受工作和生活的乐趣。既然你接受了这份工作就应该快乐地接受它给予你的全部，包括它带给你的快乐与忧愁。我们总是说：“态度决定一切。”快乐就是一种最好的工作态度，它不但会改变一个人的精神状态，还会改善一个人的工作能力和成绩。

另外，还有一些人认为快乐只在工作之外的时间里才会得到，而在工作中丝毫无法得到。他们认为快乐在下班之后、双休日、节假日里，而工作本身不快乐，快乐只在工作之外，抱着这种想法的人根本就没有意识到工作本身的意义，可以说他们自身的价值观存在根本的错误。

我们平时说“生活就像一面镜子，你对它笑，它就会对你笑；你对它哭，它也会对你哭”。其实，工作也是如此，如果你以快乐的心情工作，那么工作也会让你得到快乐。快乐与否关键就看你对待工作的态度。

不断学习才能更优秀

有人认为学习是件浪费时间的事，与其学习还不如踏踏实实地工作，“实践出真知”。但是，学习可以让我们花1～2个小时学到别人几乎积累了毕生的经验，这就避免了大量的摸索时间。懂得这个道理的人就能较先取得成功。

微软在招聘员工时，颇为青睐一种人，就是懂得如何学习的人。这些人并非是某一方面的专家，也不是拥有一技之长的能人，而是一个懂得如何学习、积极进取的“学习快手”。他们能在短时间内学习到更多有关工作范围的知识，他们不单纯依赖公司培训就能主动学习，主动提高自身技能。

今天的职场，是一个高度竞争同时也充满机会与挑战的职场。在这个职场中生存发展，就要懂得学习的重要性，要明白只有不断更新知识，同时不断提高自己的工作技能，才能保有自己的一席之地。企业也同样如此，市场竞争的激烈要求企业必须注重自身的更新，生产更符合市场需求的产品，以增加自己竞争的砝码。如果原地踏步，不能更新自己的技能，那么就很有可能被市场所淘汰。而企业的发展必须依靠员工的努力，因此，企业提出对员工自身素质的提高就势在必行。要实现企业的进步，公司员工就必须与公司制定的长期计划保持步调一致，主动学习，主动进取，不断进步。

需要懂得不断学习、提高自己的员工，是老板们的共同心声。因为这些员工是企业不可或缺的支柱，他们推动着企业的发展进步。因而做一个知道学习、知道提高自己的员工是成为优秀员工的前提。

学习的途径很多，你可以向书本学习，也可以向你身边的每一个人学习，包括你的老板、同事、客户，甚至你的朋友、家人，只要可以让你学到更多东西，可以让你保持先进，你就可以向任何人学习。“三人行，必有我师焉”，我们身边有很多比我们优秀的人，他们的经验、能力是我们学习和借鉴的最好样本。工作中，我们要虚心向身边的人学习，学习他们的长处。比如，你的同事小张比你工作效率高，这时你就要学习他是如何提高工作效率的，然后在自己的工作中一边学习，一边改进。久而久之，你也会将工作效率提高上去。

成功者大多都具有虚心向他人学习的习惯，为了得到更多的知识，学到更多的技能，他们虚心向他人学习。这些人具有常人所没有的远大目光，他们对事物的发展具有前瞻性的长远打算，他们身边聚集了很多各有所长的人，他们向这些人学习，学习他们身上的优势，从而获得更多的信息和成功的机会。

在浙江有一个赫赫有名的商人，他是卡森实业有限公司的董事长朱张金。当初他在俄国做生意，只会几个简单的单词：一、二、三、行、你好、多少钱，除此之外的俄语就不会说了。最终因为语言上的障碍，他在生意上遇到了很大困难，因此，他决定到美国去做生意。

到了不久，他就去参加一个皮革展销会。因为对英语一窍不通，他又一次陷入困境。在这个展销会上，有一个加拿大的商人向他推销一种叫作landcows的牛皮，50美元一张。其实这种牛皮就是死牛皮，但是他不懂英文，因此并不知道这就是死牛皮。他当时认为死牛皮应该说成是deadcows，因而他认定这一定是好牛皮，于是他暗自高兴遇到了这么便宜的货，兴奋地从美国跑到加拿大看货，结果才发现根本不是好牛皮。因为不懂英文，他白跑了这么远的路，浪费了时间。从此，他下决心要好好学习英语，彻底改变自己贫乏的英语知识。为了学好英语，他下了很大功夫，买书籍自然必不可少，他还到英语学习班去培训，还随身携带英语字典和磁带，出差的时候也不忘拿出来听。

就这样，凭着他对知识的热切追求，最后他终于学会了英语，能说一口流利的英语。现在，成功的他已经完全可以单独与外商谈判、介绍产品。在谈到自己成功的经验时，朱张金说："学习是我成功的直接源泉。没有当初的学习，我就没有如今的成绩。因此，时刻学习应该成为我们每一个人的习惯。这才是成功所应具备的最基本的东西。"

成功是不断学习、不断提升的过程，只有学习才能储备知识。拥有了知识就拥有了成功。学习是给自己补充能量，先有输入，才能输出。

在今天这个知识经济的时代，知识的重要性更是显而易见。如今的时代是一个高度信息化的时代，每一分每一秒都会有新的事物产生，新旧事物更替加速。有一项调查显示：如今知识的更新率是10年前的5倍，20年前的7倍。知识的更新周期越来越短。

这种局势无疑是非常严峻的，这就要求每个人都要有学习新知识的能力，不断接受新事物，才能拥有更多的知识，才能不断摄取能量，适应社会的发展。这样才能生存下来，在工作中更加得心应手。因此，要想成功就必须不断地充实自己，让学习为自己赢得胜利的条件。不然就有可能被新的时代所淘汰。一个人只有学习新事物，才能与时代发展保持平衡。作为员工在工作岗位上同样如此，更要学习新知识，充实自己的实力。如果只是固守着原来的旧知识、旧方法，不寻找新思路、新方法，那么最终就难免陷入落后的局面。

21世纪是一个“学习、改变、创业”的世纪，在这样的情况下，想要突出自己，就必须学习。皮萨列夫说：“知识，只有知识，才能使人成为自由的人和伟大的人。”

总之，当今社会是一个需要“攻”才能进步的社会，那些只知道“守”的人是很难脱颖而出的。如果你此时是一个平凡的小角色，一个蜗居在被老板遗忘的角落的人，那么赶快用学习武装自己吧，积极进取，学习新知识，丰富自己的头脑，让自己充实起来，这样你就能很快有较大的进步，自然也就能成为一名老板真正所需的人。

因此，任何时候，你都不能满足现状，满足现有的知识和能力，不能只知道一味“低头拉车”，却不懂得抬头看看时代的发展状况，学习别人优秀的地方。这种思想对一个人的进步是极其不利的，它会阻碍一个人的发展进步，更会阻碍企业的发展。一个停滞不前的员工，自然不会为企业带来更多的利益，也就自然不为老板所需。但是，如果你在“拉车”的同时，懂得“抬头看路”，把眼光放在远处，自我鞭策，自我栽培，自我锤炼，主动进取，积极向远方迈进，老板就会从内心欣赏你，认同你，接纳你。

大名鼎鼎的商人李嘉诚是一个懂得时刻学习的人，他先前也跟大多数人一样普通平凡，但是他最终成长为世界华人商业领袖，这跟他不断学习的精神是紧密相连的。他的一生，是“学习改变命运”的最佳写照。早年的他文化知识非常有限，因此，他就在忙碌的工作中勤奋地学习，终于作出了一番成就。

不断学习使他的事业不断发展。他对知识的追求体现在对英语的学习上。青年时他受的正式教育很少，尤其是英语，连26个英文字母都没学全。从此，他开始刻苦学习英语，因为他深知在香港做生意，不学好英语，就不可能干出大事来。之后，经过极为刻苦的学习，他的英语水平已经取得了很大的进步，其水平甚至比普通的大学生还要高。这使他的事业屡屡受益，在他以后做塑胶花生意时，他的英语知识发挥了较大的作用。他订阅了好几种全世界最新的塑胶杂志，以便能够掌握市场的最新形势。在这些外国杂志中，他留意到一部制造塑胶樽的机器，其价格很高，他没有从外国直接购买，而是凭着自学的英文知识研制了这部机器，这件事一度成为佳话。此外，他靠着当初所学的英文知识和外国人做生意，逐渐打开了国际市场。之后，没过几年，他就成了享誉东南亚的“塑胶大王”了。

成功后的他依然不忘学习，他不断充实自己各方面的知识和能力，使自己保持先进水平，这使得他在每个年代都成为时代的领军人物。20世纪60年代，李嘉诚大举入市，从塑胶大王变为地产大王；70年代，公司上市，成为资本市场纵横捭阖的王者；80年代，他又一举进入电信和网络行业；90年代，他以140亿美元的价格卖掉英国Orange电信公司，然后大举进入欧洲的3G业务；他旗下的Tom公司，以网络为核心，建立起庞大的传媒帝国。

成功并不是简单得来的，它是需要付出很多心力的，其中学习就是一种最有效的途径。学习是积累财富的过程，是创造财富的过程。因此，要懂得不断学习，从学习中获取各种知识，丰富自己的事业生涯。要学习就要利用点点滴滴的时间，处处留心才对。

兵书上说:“惟有运筹于帷幄之中，才能决胜于千里之外。”运筹帷幄的能力需要学习，需要探索，不然只能是空谈而已。作为一名员工，只有时刻学习先进知识，才能让自己保持领先，从众人中脱颖而出。

工作不仅仅是为了薪水

你是否听到身边的很多人这样说："要不是为了那点工资，我早就不干了。""整天累得要死，才得到那么点报酬，真是心里不服气啊。""老板给那么少的工资，干嘛要认真工作啊。"

很多人之所以不努力工作的理由好像都十分充分，那就是老板付给自己的薪水不够多。所以，他们总是敷衍了事，马虎大意，在工作中过一天少一天，做一天和尚敲一天钟，得过且过。因为老板所付不多就敷衍自己的工作，正是这种想法和做法，令成千上万的年轻人与成功绝缘。"薪水低"不应该成为做事马虎和敷衍了事的借口。事实上，一个人所拿到的薪水的高低，与其工作的完成质量应该没有任何关系。工作的完成质量应该是良心问题，是职业道德问题。它涉及到一个人的人品，而与报酬无关。

永远不要以为工作的最终目的就是为了那份薪水。诚然，我们要生存，要用钱来换取生活所需的各种物质，我们要吃饭，要穿衣，要住房，要养儿育女，要赡养老人，这都是生存的最基本物质条件，而这都必须依靠工作来换取。但工作仅仅是为了换取薪水吗？工作回报给我们的，不仅仅是用以满足我们基本的生存所需，而且还让我们同时享受工作带来的乐趣和成就感。

你的工作成绩是水，薪水是船。船的前行依赖于水。你的薪水的高低取决于水的多少。永远是水承载着船，如果没有水，船自然无法前行。同样，如果你一味注重船，而不注重承载船运行的水，那么当水渐渐减少，船也就无法前进。

因此，如果你把薪水当成工作的全部意义，那么你就会在追求高薪的路上迷失自己，陷入被动的局面，从此丧失工作的激情，自然无法做好自己的工作，也就无法得到老板的认可，结果肯定也就难以有所成就。

相反，如果你不是那么在意薪水，而是注重自我发展的空间是否完善，公司为自己提供的舞台是否宽广，这个职位是否真的是你所喜欢的，这样当你的工作做到很出色时，你的薪水就自然会水涨船高。

世界上每一个人都需要钱，每一个人都需要通过工作来挣到钱，从而让自己生存，这是天经地义的事。但是，如果将金钱理解成工作的全部意义和目的，当成人生最大的追求，成为一种人生理想，就会让人误入歧途，成为贪婪而可悲的人。

有一个人依靠自己的聪明才智最终当上了局长，局长在很多人的眼里都是个肥差，这一点自不必解释。这个人上任后就利用职位之便大肆收受贿赂，有的是钱，有的是物。刚开始他顾虑重重，不敢接受，时间一长，在亲朋好友的“劝说”下，他就认同了他们的观点，即“你在局里工作了大半辈子，拿了多少年的低工资，生活一直紧紧巴巴，如今该是补偿你以前所缺少的时候了”。他觉得也是，自己在局里一直拿着微薄的工资，生活上一直不太富裕。他从此便放开手脚大胆干起来，当夜里数着别人送来的一沓沓厚厚的钞票时，他感觉从没有过的惬意和满足。但是，好景不长，几年之后，他的劣迹就暴露了。直到他被戴上手铐，关进监狱的时候，他才恍然大悟，都是自己的虚荣心害了自己。

对于一个人来说，工作赚钱养活自己无可厚非。但是这种一味追求金钱而不顾工作的人，只是金钱的奴隶，他们永远都是一个平庸者。

如今已经在摩托罗拉担任技术部主管的孙海，5年前还是一个小公司的小职员，他从毕业就到这家公司工作，已经快5年了。这5年来，他从一个什么都不懂的新手渐渐成长为一个经验丰富的老手，但是奇怪的是，他的薪水还是一直不见涨，职位也一直是属于最低的那种。看着身边的很多人都升职、加薪，他不禁感到委屈起来：我在这里干了这么久，到现在还是老样子，真让人受不了。终于，他忍不住向一位知心朋友倾诉苦水。朋友说："你在公司虽然待了5年，但是这期间你一直把挣钱当成你工作的目的，而不是按照你的喜好来选择工作。别人都主动学习、充电，而你却停留在现状，你并不是太喜欢这份工作，是不是？"

直到此时，他才发现的确是这样的。当初，因为觉得这份工作薪水高，于是他就毅然选择了这份工作，而放弃了那份他喜欢但工资却相对低的工作。这5年来，他一直强迫自己做这份他并不太喜欢的工作，但是却没有什么长进。

朋友说："你应该换一份你喜欢的工作去做，这样你才能有更大的发展空间。"

他意识到自己犯了一个很大的错误，这5年来，他一直都是为这份薪水而工作，而不是为了自己、为了将来的事业而工作，如此一来，肯定无法作出成就。

后来，他毅然辞去这份工作，换了一份他喜欢的工作——到摩托罗拉技术部做技术工程师。由于对工作的喜欢，很快他就从一名小职员晋升到了主管的职位，而他的薪水自然也就跟着上涨了。

其实，热情永远比薪水重要，心中有热情的人追求的是工作的乐趣，而不是薪水。只要拥有了这种财富，你就不必担心没有较高的薪水。因此，为薪水而工作的人是最愚蠢的人。

看一下我们身边的人，有多少人顾不得家庭，顾不得自己的健康，为工作而卖命，为挣钱而卖命，他们几乎将自己的整个生命都投入到了工作中去，他们努力让自己适应那种辛苦而劳累的工作，就是为了得到更多的钱，以换取更大的房子，更华丽的衣服，更舒服的享受。但是，过分追求金钱，就会让人陷入贪婪而无知的境地。很多人为了维持自己较高待遇的职位，牺牲了自己的健康，牺牲了自己的家庭，甚至有的搭上了自己的性命。

不为薪水工作，我们要明确工作的意义和价值，它不仅仅是我们安身立命的基础，更是我们自身价值的体现。因此，在工作中，我们要时刻提醒自己：工作不仅仅为了薪水，而是为了自己的现在和将来，是为了实现自我的价值。如果我们用更多的时间去学习新的知识，在工作中不断提高自己的能力，展现自己的才华，那么，当我们做出十分出色的成绩时，我们的薪水自然会十分可观。

在工作中，对待薪水，既不要认为工作的全部意义就是为了赚钱，也不要认为自己技不如人，就对自己拿到的薪水感到十分满足，而失去进取的意识。要清楚，薪水只不过是衡量一个人工作价值的大致参考，而不代表一个人全部的价值和意义。生命的意义在于从工作中实现自身的价值，使自己获得全方位的提高。所以，在对待薪水的态度上应该抱着积极的心态，少的时候不抱怨，多的时候不骄傲，而是时刻以自己所追求的尺度来衡量。这样，工作就会格外轻松而富有意义。

勇敢面对工作中的困难

爱因斯坦这位震憾世界的著名大科学家，在他大学毕业之后的一段时间里，也曾因找工作而四处碰壁，屡遭失败。

1900年秋天，爱因斯坦以优异的成绩毕业于苏黎世联邦工业大学。起初，他想留校任教。但是，他在那些“正统”的教授们的心目中，乃是一个不安分的“异端”，故而未能留校。

之后，他为找一份较为稳定的工作而屡屡碰壁。比如，他向德国莱比锡大学的维纳教授、奥斯特瓦尔德教授写信，谋求助教一类的职位，都没能成功。

接着，1901年4月12日，他又写信给荷兰莱顿大学物理学教授昂尼斯：“尊敬的教授先生，我听一位朋友说，您那儿有一个助教的位置还空着，恕我冒昧谋求这个职位……”结果，他的希望也落空了。

此后，直到1905年，他才在伯尔尼专利局当上了一名小职员。不久，他石破惊天地发表了5篇震动世界物理学领域的论文，其中最重要的是建立了狭义相对论（在此基础上又于1916年建立了广义相对论），从而改写了人类的科学史。

从爱因斯坦大学毕业后的求职志向上看，他一直希望当一名助教，从事教学工作，其选择工作的标准是，只要有一个相对稳定的工作和收入就行。然而，就这样一个本不算高的希望和要求，他也未能够实现。无奈，他才到专利局当了一名小职员。

从爱因斯坦的择业观来看，也并不复杂，期望值也不高。只要能有工作干，有收入，能解决生活问题就行。

从爱因斯坦取得的成就来看，虽然是巨大的，但并非是在他自己所从事的专业工作岗位上取得的，而是自己起初的爱好和兴趣。

从爱因斯坦求职屡遭失败的过程来看，虽然他为找工作不断四处碰壁，但这些并没有影响他认真学习和刻苦钻研科学技术知识，而是从反面激励他取得了巨大的成就。这说明，爱因斯坦的生活态度是始终乐观的，他的执著追求和探索科学的精神始终是饱满的，他还具有坚强的毅力，不怕困难和挫折，更不惧别人的嘲笑和歧视。正因为有了这些，才使他在遭遇挫折和逆境的情况下，依然顽强拼搏和奋斗不止，不达目的决不罢休，他终于一举成名。

这既是一个天才人物与众不同的伟大人品，又是一个普通人物所应具有的脚踏实地、埋头苦干、求真务实的思想品格。

人们不禁要问：假如爱因斯坦大学毕业之后找工作不屡屡碰壁，他又该是什么样子呢？他还能成为世界著名的伟大科学家吗？

假如爱因斯大学毕业后一帆风顺，找工作十分容易，能马上留在学校任助教，没有遭遇种种的困难，还真的难以说清他能不能取得如此巨大的成就，成为一名大科学家呢。

事实上，很多成功都来自于对困难的尝试，一个没有遭遇过困难，不知道困难是什么滋味的人就不会有超过他人的奋斗力量。

工作中遇到困难是难免的事，坚强的人选择迎难而上，怯懦的人却往往一味退缩，不敢面对困难，逃避困难，这其实是一种不负责任的态度，这种人终究难成大事。

看一下那些成功的人，从他们身上总能感受到一种对抗困难的坚强力量，无论碰到什么困难，他们都勇敢地去面对，而不是逃避和退缩。李·艾柯卡就是如此。

汽车巨子李·艾柯卡的事业并非一帆风顺，但是他懂得在绝望中寻找希望。李·艾柯卡，曾是美国福特汽车公司的总经理，后来又成为了克莱斯勒汽车公司的总经理。他的座右铭是："奋力向前，即使时运不济，也永不绝望，哪怕天崩地裂。"

1946年，与每一个刚刚走向社会的人一样，年轻的艾柯卡在福特汽车公司只是一名普通的员工，后来他凭借自己的能力当上了福特公司的总经理。但是，几年之后，他就被妒火中烧的大老板亨利·福特开除了。当了8年的总经理、在福特工作已32年、事业一帆风顺的艾柯卡，突然间失业了。昨天他还是英雄，无数的人对他顶礼膜拜，今天却好像成了传染病患者，人人都远远避开他，原来的同事、一向要好的朋友都抛弃了他，这是他生命中最大的打击。这种打击对艾柯卡来说无异于从珠穆朗玛峰坠入万丈深渊，几乎置他于死地。妻子气得心脏病发作，女儿埋怨他无能。他愤怒、彷徨、苦闷，甚至想到自杀。但他最终没有向命运屈服。

"艰苦的日子一旦来临，除了做个深呼吸，咬紧牙关尽其所能外，实在也别无选择。"艾柯卡是这么说的，最后也是这么做的。他勇敢地站了起来，接受了一个新的挑战：应聘到濒临破产的克莱斯勒汽车公司出任总经理。

上任后的他大刀阔斧地对企业进行了整顿、改革，并以超群的智慧从政府那里取得了巨额贷款，使这个即将走向死亡线的企业重振了雄风。1983年8月15日，艾柯卡把面额高达8.1348亿多美元的支票，交给银行代表手里。至此，克莱斯勒还清了所有债务。而恰恰是5年前的这一天，亨利·福特开除了他。

如果当初艾柯卡在遭遇无情解雇后不能勇敢地站起来，而是一味沉浸在悲痛和绝望之中，在巨大的打击面前一蹶不振、偃旗息鼓，那么，也许历史上将不会出现辉煌的克莱斯勒汽车公司。

一个人想成功，必须具有百折不挠的精神，即使屡战屡败，也永不言败，挫折打不败信心。

假如上司交给你一项极富挑战性的工作，这项工作对于你来说是全新的、从未接触过的，因为没有经验可以借鉴，更没有指导者可以请教，你能做的只有大胆地去尝试。在这种情况下，你犯错误是难免的，彻底失败也是常见的。但失败并非罪过，重要的是从中吸取教训。失败的结果对于你的上司来说总是令人不满的，但是，他更关心的是自己的下属对于失败的态度。如果你能够及时地从失败中总结经验教训，找出导致失败的因素，从而在今后类似的工作中彻底避免同样错误的发生，你的上司将不会对于你偶然的一次失败而耿耿于怀。相反，他会认为，这个员工善于总结教训，正在不断地成熟。是的，那些跌倒了又立刻爬起来，掸掸身上灰尘重新拼搏的人才会获得最终的成功。

下面给大家讲一个美国百货大王梅西的故事，看看他是如何在屡败屡战中最终获得成功的。

在淘金时代，梅西在加利福尼亚开了个小饭馆，本以为供应淘金客膳食是稳赚的买卖，谁知道淘金者一无所获，什么也买不起，小饭馆很快就关闭了。

后来的几桩生意让梅西彻底破产。不死心的梅西又跑到新英格兰做布匹生意。这一回他时来运转，不但买卖做得灵活，甚至把生意做到了街上的商店。起初他的店曾一度每天进账11.08美元，而现在梅西的公司已经成为世界上最大的百货商店之一了!

事情就是这样，只要你始终抱着坚持到底的信念，永不言败，跌倒了再爬起，那么迟早有一天胜利会属于你。

翻看古今中外的人类历史，凡能取得辉煌成就者，尤其是能成为某个领域里著名的科学家或领军人物者，无不都遭遇了种种困难和挫折，没有一个人是一帆风顺的。这其中的道理就是，人有压力才能成就事业。对于有抱负的人来讲，压力就是前进的动力；困难和挫折，就是成功的助燃器。

鲍勃尔刚进公司的时候只是一名普通的生产工人，后来他主动请缨，申请加入营销行列。由于他工作认真积极，当时经理便同意了，而且各项测试显示，他也适合从事营销工作。

当时，公司规模很小，只有30多个人，没有足够的财力和人力，而公司所面临的需要开发的市场却很大。因此，鲍勃尔只身一人被派往西部一个市场，其他市场也只派出一个人。在这个城市里，鲍勃尔一个人也不认识，吃住都成问题，但心中对企业的忠诚以及对工作机会的珍惜使他丝毫没有退缩。没有钱乘车，他就步行，一家一家单位去拜访，向他们介绍公司的电器产品。他经常为了等一个约好见面的人而顾不上吃饭，因此落下了胃病。他住的地方更是简陋到了极点，这是一户人家闲置的车库，由于只有一扇卷帘门，没有电灯，晚上门一关，屋子里就没有一丝光线，倒有老鼠成群结队地“载歌载舞”。那个城市的春天多有沙尘暴，夏天经常下冰雹，冬天则经常下雨，对于一个物质贫乏的推销员，这样的气候无疑是沉重的考验，有一回。鲍勃尔差点被冰雹击晕。公司的条件差到超乎鲍勃尔的想象，有一段时间，连产品宣传资料都供不上，鲍勃尔只好买来复印纸，自己用手写宣传资料，好在他写得一手好字。

在这样艰难的条件下，鲍勃尔也像其他人一样有过动摇，但每次他都对自己说：这是我的工作，我不能抛弃它。一年后，派往各地的营销人员回到公司——当然，其中有六成人员早已不堪工作艰辛而悄无声息地离职了，而鲍勃尔的成绩竟然是最好的。

出色的成绩自然能换来丰硕的成果，3年后，鲍勃尔被任命为市场总监。这时，公司已经是一个几万人的大型企业了。

“不管遇到什么困难，我都坚信天无绝人之路，只要勇敢面对，坚持到底，就一定会找到战胜困难的方法。”这就是卓达集团的当家人杨卓舒的人生信条。

2002年度《中国大陆百富榜》上，杨卓舒名列17，他掌控的卓达集团是河北石家庄最大的房地产公司，此外他还拥有两所大学，并建立了教育基金。杨卓舒曾是《河北日报》的记者，1993年夏天，他向朋友借了几万元现金和一部小轿车，开始创办卓达公司。仅仅10年，卓达的资产就已达2.65亿美元。他在房地产、旅游和教育等领域声名显赫。

杨卓舒曾遇到过愁得一夜白头的巨大困难，当时他的财务上就只剩下2000元现金。他非常着急，甚至想到晚上出去卖唱以解决暂时的困难。但是，他咬着牙硬是挺了过来。若干年后，他自认是永不退缩、永不放弃的精神帮助他走出了那段困境。

在他的第一个项目——石家庄市郊区修建别墅区的实施过程中，他遇到了资金上的难题。作为民营企业，在创办之初，很难得到银行的支持，融资非常困难。当时他开始彷徨，跟手下的人说：“我们有两个选择，一是把现有的东西都卖掉，卖上几百万元然后走人，留个烂摊子让别人来收拾；二是坚守。”性格好强的杨卓舒不肯服输，在经过了很长时间的思索之后，他终于找到了解决问题的好方法，就是以货易货。

杨卓舒从自己的房地产资源开始，通过这样的方式为自己找到了大量的水泥、钢材等建筑材料，把这些闲置的生产要素有效组合起来，形成一个完整的商品。同时，这些生产厂家上下供给关系被杨卓舒激活了。靠着这种非常特殊的思路，杨卓舒顽强地站了起来。

以货易货的方法是杨卓舒在困境之中的急中生智，这种困境之中的坚持与突破伴随了杨卓舒很多年。

杨卓舒说：“很多人只看到我巨大的财富数字，看到我现在的辉煌，但是他们没有看到的是，在企业最困难的时候，我所承受的压力有多大。” 杨卓舒称这些失败为“刻骨铭心的失败”，而且这样的失败不是资金投入量和直接投资损失可以计算的，因为有一些东西对人的教训是无法用物质来衡量的。

维护老板的尊严

有的人不懂得如何维护老板的尊严，因而在工作中时常受到打击，得不到老板欢心，即使工作做得再好，也很难得到信任和认可。

你要清楚，老板和员工是存在等级之分的，二者无论何时都不会平等，别指望老板给你公平。因此，也就不要与老板走得太近，不要不顾身份的高低与老板打成一片。哪怕你的老板是个多么和蔼可亲的人，也不要在公共场合与老板称兄道弟，更不要拍着老板的肩膀说话，或者在工作之外的时间跟老板一起吃饭、玩乐。因为往往在你跟老板放开大胆地交谈时，你的很多缺点和错误就在此时显露了出来。很多老板害怕员工了解自己太多，因为这样一来容易影响自己的威信，难以在工作中发号施令。

老板与员工之间永远都不可能实现平等，在职场中永远都是老板管理员工，员工只有服从，不能反抗，因为反抗意味着威胁到了老板的尊严。这是做老板的心理防线，一旦你突破了这个防线，冒犯了老板，你就从此成了老板的眼中钉。因此，在工作中要时刻维护老板的尊严，懂得忍耐，懂得宽容，得意时不忘形，失落时不抱怨、不争辩，任何时候都保持一颗豁达乐观的心，这样才能在工作中避免陷入与老板的纠纷之中，才能与老板保持良好的关系。

不管老板是一个怎样的人，都要在平时注意上下级别，不管老板对你多么欣赏，都不要越级，都要时刻维护老板的权威，因为老板毕竟是老板。

有一个寓言故事很有意思：一个人去买鹦鹉。他看到有三只鹦鹉摆放在一起，第一只鹦鹉前面标价是100元，第二只标价是300元，第三只则是900元。他不解地去问老板，怎么这些鹦鹉的价格相差如此悬殊。老板过来解释说："第一只鹦鹉会说两门语言；第二只则会说四国语言；而第三只嘛，却一门语言都不会。"这时这个人感到奇怪了，他随即问老板："为什么第三只一门语言都不会，而且长得又老又丑，却能卖到这么高的价钱呢？"老板笑着说："知道为什么吗？因为另外这两只鹦鹉叫这只鹦鹉为老板。"

老板无论如何都是老板，不要意气用事，损害了老板的尊严。要让自己懂得糊涂，懂得退让，给老板留点面子，留点自尊，学会服从，不去争辩与批判。这不是随声附和，而是一种服从的艺术。

老板也是从打工出身的，他们从一个不闻一名的打工者升级到管理众人的老板，自然优越感很强，往往有一种高高在上的感觉，因而从潜意识里对员工有一种轻视，觉得不如自己，因而事事看不顺眼，挑剔苛刻。针对这种状况，员工要学会理解，而不是一味生闷气，或者无法忍受，一走了之。因此，对于老板平时的趾高气扬的姿态员工要学着去接受，去理解，不要动辄跟老板评理，引起老板的厌烦。

当遇到一些无法说清是非的问题时，即使自己再有理，也要学着让自己吃亏，让老板占便宜，只要不涉及到自己应得的利益问题，其他的一些小事大可不必与老板计较。在适当的时候，不要一味去争辩，而要懂得给老板尊严，即使自己对了，也不要作任何辩解。因为很多时候，员工的道理对于老板来说就不是道理。

小张工作已经三四年了，他做事认真负责，但由于凡事爱讲道理，也就是人们所说的爱较真儿、钻牛角尖，总是喜欢纠正老板的错误，并且时常向老板提建议。刚开始老板尽管心里稍微有点不满，但他相信这是小张为公司好，也就没有太在意。但是时间以一长，他就感到这是对自己威严的一种侵犯，慢慢地对小张开始反感，继而连他的工作都无法肯定了。

小张很不明白老板为何这样对待自己，他极其郁闷，但又无可奈何，只好辞职离开。

小张离开之后，有一天碰到原来的同事，这个同事告诉他老板对他反感的原因其实就是他太不懂得给老板尊严。比如有次开会，在说到某件事情时，你只管提自己的意见，完全不顾老板的脸色，而且别人都是很简短地发言，只有小张一直没完没了地说，把话说过来说过去，一点都没有看出老板的脸色很难看。

小张听了同事的话，感觉他言之有理，觉得自己在公司的时候，确实没有注意到这一点。如果当时小张能及早地发现自己这个毛病，时刻维护老板的尊严，不去冒犯老板，这样，他肯定就能得到老板的信任和认可，也就不会落到今天辞职的田地了。

威尔逊是美国某大型天然气企业的普通职员，他业绩平平，但他始终努力地去做，从没有一丝懈怠。曾经，他凭着非凡的勇气，在企业遇到前所未有的困难时，与老板并肩作战，共同渡过了难关。

当年，政府规定：一条天然气管道只能以某一特定的气田向某一特定的公用事业公司输气，不能改道或分流。

面对这个管制，企业一时间陷入巨大的困境。上自领导，下至员工，没有人知道该如何应对，他们只能眼睁睁地看着企业陷入瘫痪。当时威尔逊没有退缩，他坚持努力寻找出路。他想：如果政府能够取消管制，那么天然气就能自由交换，并且任意改道或分流，这样就可以建立一个庞大的天然气现货市场。然后，再以低价买进天然气，高价卖出，这样公司就可以摆脱困境，创造出较高的利润。

当时公司所有人员都不同意他的这个做法，他们认为他是在冒险，是在做无用功。但是面对压力，他始终不肯妥协，他坚信凭借自己的努力一定可以成功。于是，他一方面致力于劝说政府放弃管制，一方面雇佣得力人员从事创建美国天然气现货市场的工作。这个方法非常奏效，很快，政府就放弃了管道管制。威尔逊成功了，他成了公司的大功臣。他用自己的努力为公司创造了不菲的利润，更开创了天然气行业的新纪元。

在最困难的时刻，威尔逊没有临阵退缩，更没有逃避，他勇敢地担当起扭转大局的重任，为团体开拓了一条新的路，在关键时刻表现出了非凡的勇气，敢于冒着巨大的危险与老板并肩作战，这是何等忠诚的员工，何等勇敢的员工。

公司发展不可能总是一帆风顺的，在遇到暴风雨时，你是畏首畏尾地逃离阵地，还是大胆地与老板站到一起，共同迎接即将到来的风雨？一个优秀的员工会勇敢地上前，不顾一切地迎接战斗；而一个懦弱的员工则会临阵退缩，那么机遇就永远不会降临到他的头上。

许多员工总是说得不到老板的信任和认可，为什么？不论何时，你是否竭尽全力为公司着想了，你是否在遇到什么困难时都忠守在老板身边了？你是否在任何时候都不离不弃了？如果你不能肯定地回答，那么你就不要怪老板，而要从自身找原因。

在上海，曾经有一个大企业一度辉煌，老板是一个精明的广东人，他经营企业多年，经验丰富，企业利润丰厚，可谓是个成功人士。但是他对待员工态度恶劣，要求苛刻，因此得不到员工的认可。很多员工虽然忍无可忍，但也都因为这里待遇好而一直没有离开，不过对于这样的老板都觉得非常厌烦，认为他缺少人情味。

现代社会是一个讲究人道主义的社会，一个缺乏人情味的老板想要得到员工的认可和爱戴显然是不可能的。后来，这家企业因为内部原因导致企业亏损巨大，于是企业在一夜之间跨掉了。这时，这个一向飞扬跋扈的老板顿时失去了平日的威风，他的处境就可想而知了：许多员工都纷纷离去，就连他一度信任和厚待的中级领导也都另谋高就，他们认为这是对这个“黑”老板的报应。

身陷困境，没有一个人相助，与自己共事多年的员工却反而纷纷离职，这简直是落井下石、这个老板气愤无比，他不知道为什么这些平时温顺如绵羊的员工此时都一下子变得如此蛮横无理，他感叹世态炎凉，想不明白为什么自己落到如此一个田地。此时，偌大一个企业瞬间成为一具空壳，所有的人都离他而去，这个平时趾高气扬的老板顿时傻了眼，体会到了人情如纸薄的伤心境地，他后悔当初不该如此“冷血”。但一切为时已晚，他想到了自杀。

因为还留恋着他辛苦创下的公司，自杀之前，他想再去看一眼他心爱的公司。当他走到会客厅时，他发现一个人在这里，他正在打电话，这是公司里职位最低的职员小李。老板没有打扰小李，他想也许在这最后的时刻，小李仍在用公司的资源打私人电话。他不禁又伤心起来。他正要转身离去，这时小李打完电话，回头对老板说：“我已经联系好了一家企业的老板，他愿意给我们投资，帮我们渡过难关。”

“什么？是真的吗？”老板不敢相信，他惊讶地问道：“为什么别人都走了，你却不走呢？”

小李说：“是的，我虽然职位卑微，但还是愿意尽自己最大的努力挽救企业。虽然你态度恶劣，人人厌烦，但是我曾在这里工作，对企业也是有感情的，我不忍心看着这个企业瞬间崩塌。我也曾想过挥挥手离去，但是我觉得自己不能这么做，因为，我相信你现在需要帮助，就像我刚毕业那年艰难地找工作时，你录用了我一样，我觉得此时我也应该帮助你。”

这一番话，令老板感激涕零。他没有想到一个平时不被自己看到眼里的小职员竟然如此敬业，如此忠诚，他顿时觉得感动无比。之后，老板和小李共同携手，在他人的相助下，终于使企业起死回生，并且很快又辉煌起来。

重新拥有了自己事业的老板从此完全变了，他改掉了先前恶劣的态度，对员工非常关爱，还专门把人文精神列入公司章程，公司上下级之间团结一心，企业欣欣向荣。

此时，作为公司大功臣的小李会是一种什么状况呢？他还会是一个小职员吗？与老板同风雨的他已经担任了副经理的职位，成了老板的得力助手。

在关键时刻，与老板同风雨是一种不菲的感情投资。这种感情投资会让老板记住你曾是他的恩人，有良知的人会在心里记得你曾对他的帮助，并会在适当的时候予以回报。因此，不要在你的老板危难时临阵脱逃，要懂得付出必有回报，要懂得用你的力量与你的老板并肩作战。如果你真诚地付出了，那么任何一个老板都会深深感激你。困难时你帮了你的老板，那么当他从困难中走出后，他一定会重用你，助你走向事业的成功之路。

所以说，在困难的时候勇于出手就是勇敢地抓住了机遇，一个不懂得在困难时付出的人不会懂得成功的不易，当然也就不会赢得老板的信任。如果说老板是船长，那么员工就是船员，只有船长而无船员的船是一具空壳，只有船员而无船长的船则会迷失方向，只有二者配合，才能顺利地在充满危险的大海上航行。

坚持不懈，直到成功

有时候，再向前走一步都觉得很艰难了，可是只要我们再坚持一秒钟，就会到达终点。许多时候，我们以为我们用尽了全身的力气，已经到了自己所能承受或者付出的极限，可是，只要我们再坚持一下，奇迹就在眼前。

一只鸟儿坠落了，是因为它不能坚持在天空中飞翔；一朵花枯萎了，是因为它不能坚持自己的色泽和芳香；一支箭在距靶心一寸处落地了，是因为它已经耗尽了力量，不能坚持瞄准目标。一个人要达到成功的目的，就要坚持奔跑，即使不能再奔跑了也要坚持前行。成功会在人们的坚持中不断靠近。

当人们都对某件正在做的事失望时，只有那些意志坚强的人才会坚持努力；当人们都对某种信仰感到绝望而远去时，只有那些有信念的人才会继续坚持。有力量的人，坚持不懈的人，他们本身就是信仰，只有他们才会真正赢得人们的尊敬。

万向老总鲁冠球年轻时并不顺利，但他懂得坚持。于是，意志坚强的他靠着自己的双手打出了一片天地。幼年时，他过着贫穷的生活，为了减轻父母沉重的生活负担，初中毕业后，鲁冠球就回家种起了庄稼，过起了普通农民的生活，从此告别了读书学习的生涯。失去了学习的机会，却反倒激起了鲁冠球一定要混出一个人样来的决心。

日子一天天流逝，他慢慢发现，靠种庄稼永远无法摆脱目前的困窘，永远也无法实现自己的远大抱负。于是，他决心去上海闯荡。到上海后，他让父亲帮助找些事做。但父亲非但没有给他找到工作，自己也很快退休回到了家乡，并在乡里做起了“赤脚郎中”。鲁冠球感到很失望，但他还是在上海待下去了，他发誓一定要走出面朝黄土背朝天的生活。后来经人介绍，鲁冠球到一个铁业社当了个打铁的小学徒——学打铁。打铁是非常苦的活，一个15岁的乡下孩子起早贪黑地抡铁锤，一天下来早已体力不支，而工钱却少得可怜。但鲁冠球内心却非常满足，他庆幸自己终于找到了一份不错的职业。可是，就在鲁冠球刚刚学成师满、有望晋升工人时，遇上了三年困难时期，企业、机关精简人员，他家在农村，自然被“下”放回家了。鲁冠球感到自己又一次陷入了失意的境地。

困顿的时期最容易弱化人的意志，让人产生放弃理想的念头。但是此时的鲁冠球却斗志昂扬，他不相信自己就是这个命。于是，很快他把注意力放到了关乎老百姓吃饭的磨面机上，但是要做这个生意自己却没有本钱。幸好亲友们得知鲁冠球的这一想法后，都很信任他，也很支持他，纷纷回家翻箱倒柜，勒紧裤腰带一起凑了3000元，买了一台磨面机、一台碾米机，办起了一个没敢挂牌子的米面加工厂。

然而，好景不长，不多久上面就给他挂上了“不务正业，办地下黑工厂”的罪名，然后立即派人查封。鲁冠球和乡亲们一面到处托人求情，一面“打一枪换一个地方”，夜晚抬着机器跑，一连换了三个地方。最后还是在劫难逃，鲁冠球这条“资本主义尾巴”被揪住了。加工厂被迫关闭，机器按原价三分之一价钱拍卖。这样一来，鲁冠球负债累累，只能卖掉刚过世的祖父的三间房。当时，鲁冠球自己尚未成家，就折腾完了祖辈的家业，落得了倾家荡产的地步。

但是，鲁冠球没有就此消沉，没有埋怨命运，而是重新挑起自己生命的重担，奋然前行。没过多久，鲁冠球又开了个铁匠铺，为附近的村民打铁锹、镰刀，修自行车，这一铁匠铺吸引了周围的许多男女青年。此后，鲁冠球的农机修配组的生意越做越红火。

后来，公社的领导找到了鲁冠球，要他带着他的伙伴，去接管“宁围公社农机修配厂”。这个所谓的农机修配厂其实是一个只有84平方米的破厂房烂摊子，很多人担心鲁冠球会陷进去难以自拔，但鲁冠球以他那坚强的决心坚持了下来，他突破重重阻碍和困难，终于生产出了令人们震惊的进口汽车配件。

他的成功之路异常坎坷，处处充满了艰难，换作任何一个人也许都无法坚持，但是鲁冠球坚持了下来，而且实现了他成功的梦想。这不能不说是坚持的力量，是意志的力量。

不论遇上什么困难和挫折，都要能坚持到底，永不放弃，这样才能有机会与成功握手。

培养自己坚持不懈的品质，处处都有成功的机会。坚持礼貌待客就使许多商人赢得了成功。无论顾客如何失礼，他们都给予殷勤的接待，长期坚持这么做，他们最终和顾客群体形成了沟通，让自己的业务获得了发展。反之，坚持冷落顾客，只能让自己的业务一天比一天衰败。

坚持不懈是一种修养，是许多良好素质的外在表现。这样的人大多具有多方面的能力，绝不会因为成功暂时拒绝了他而拒绝成功。他们做着自己喜欢做的事情，享受着工作的乐趣，乐观地看待成功，哪里会因为暂时的失利而悲伤呢?

那些较早走向成功的人，往往都是竭尽全力、坚持不懈地为自己的事业而奋斗的人。即使这些人因为这样或那样的原因没有到达事业成功的顶点，他们也在坚持不懈的奋斗中成就了人生，铸就了辉煌。一个缺乏毅力、经常摇摆不定的人，即使他们获得了一些财富和权势，他们也会被公众所轻视。那些意志顽强、坚持到底的人，即使做不成什么惊天动地的大事，也会赢得公众的敬佩和信任。他们的成功只为成功的人所知晓、所仰慕，无缘得见的人不过是一些凡夫俗子而已。

马塞尔·达索是“法国达索集团”的创始人，1892年1月22日，他出生于巴黎的一个犹太医生家庭，原名为马塞尔·布洛克。从小，他就十分喜欢科学实验课，动手能力非常强，对枯燥无味的理论研究非常厌烦。小小年纪的他就梦想长大后到高等航空和机械制造学校深造。后来，他的父母把马塞尔·布洛克送进了既有工业设计又有机床操作的“巴黎布勒盖电气工程学校”。

一天，马塞尔·布洛克在学校操场散步时，不经意间瞥见天上正有一架莱特兄弟制造的飞机在围绕着艾菲尔铁塔飞行，他一下子就被飞机那优美的飞行英姿深深打动了。从此，马塞尔·布洛克下定决心要造飞机，他经常最爱说的一句话就是——“造好飞机”。但是，在那个时代，人们对这种事情抱有这样一种偏见——“想造飞机的人都是冒失鬼，注定要从空中掉下来”。人们不看好飞机制造业，而马塞尔·布洛克却难改痴迷。从此，他悄悄钻研起飞机制造技术来，还不时到飞机场去看各种各样的飞机。1912年，马塞尔·布洛克果敢地考入了“国立高等航空制造学院”。毕业后，他来到军方的“默东航空实验室”从事飞机研发工作。后来，马塞尔·布洛克不仅发明出了第一个木质螺旋桨，而且于1916年创办起了“航空设计公司”（法国达索集团的前身），并于1917年将“高德龙G3侦察机”改进为拥有375马力的“Sea4双座战斗机”。这种战斗机因其独创性很受法军欢迎，法国装备部一次就定购了1000架。

后来，由于战争的结束，战斗机订单急剧锐减，马塞尔·布洛克不得不放弃自己钟爱的飞机制造业，转而改行经营家具和房地产生意，但他并没有在心底放弃自己的飞机制造事业。1927年，一次重要的飞行事件触动了马塞尔·布洛。美国飞行员林白驾驶着“圣路易斯精神号”单翼型飞机，经过33个小时的艰苦飞行，第一次完成了从纽约到巴黎的不着陆飞行。看到这一划时代的飞行壮举，35岁的马塞尔·布洛克充满信心——“我一定要重返航空界！”就这样，他立即变卖了所有房产，义无反顾地第二次投身飞机制造业。经过一番艰辛的奋斗，马塞尔·布洛克于1931年研制出了一架3引擎邮政飞机，设计出了MB200、MB210、MB131双引擎等不同型号的轰炸机，制造出了MB150型系列战斗机、MB120型10座3引擎军用运输机。可是，好景不长，正当马塞尔·布洛克打算大干一番时，第二次世界大战爆发了，他的勃勃雄心在顷刻间被摧毁了。1944年，纳粹党要求52岁的马塞尔·布洛克为他们研制飞机和火箭，他断然拒绝，被关进了“布黑瓦尔德集中营”。在这个非人的地方，在被极度折磨以至染上白喉之际，马塞尔·布洛克依然没有放弃他的飞机制造业。在被释放后他又设计出了315型双翼联络机。

第二次世界大战结束后，他将名字改为他兄弟在战时抵抗运动中使用过的化名——马塞尔·达索。他在“波尔多—梅里尼亚克机场”附近创建了飞机制造厂——马塞尔·达索飞机制造公司，设计制造法国第一架喷气式战斗机——暴风；设计制造法国第一架超音速战斗机——神秘2型；设计制造法国第一架在平飞中超过音速的“超神秘”B2型战斗机；设计制造“军旗”“超军旗”舰载攻击机；设计制造法国第一架两倍音速战斗机——幻影3型，第一种可携带核弹头的战斗机——幻影4型，“幻影”系列战斗机改进型——幻影2000；设计制造法国第一架双引擎公务机——隼式喷气式飞机；1967年，该公司一举兼并了自己的竞争劲敌——布雷盖公司……

马塞尔·达索的成功之路是充满坎坷的，他之所以能成为法国航空界的“顶梁柱”，绝大部分在于他永不放弃的坚持精神。无论遭遇什么困境，他都勇敢地坚持了下来，永不放弃自己的理想和事业，最终取得了成功。下面这个例子也能很好地说明坚持才能成功的道理。

有一个女孩对足球的喜爱到了痴迷的地步，她请求父亲把她送到体校学踢足球。起初，父亲不同意，因为他知道她的体质远远不够做一个踢足球的队员，但女孩执意要去，于是父亲极不情愿地送她去了学校。去了之后，情况确实如此，她也觉得比不上先入校的队友。女孩常常受到队友们的奚落，说她是“野路子”球员。女孩为此情绪一度很低落。进职业队打上主力，这是每个队员踢足球的目标。这时，职业队也常去体校挑选后备力量。每次选人，女孩都尽力去踢，希望自己被选中。然而终场哨响，女孩总是没有被选上。而她的队友已经有不少陆续进了职业队，没选中的也有人选择了离队。于是，女孩去找一直对她赞赏有加的教练。教练很委婉地说：“名额不够，好好练习，下一次就是你。”她相信教练的话，于是安心地走了，她似乎看到了希望，树立了信心，又努力地接着练了下去。

一年的时间很快过去了，女孩仍留在原来的位子上，她还是没有被选上，她实在没有信心再练下去了。虽然自己的实际能力并不差，但太矮的个头，又是半路出家，这显然是最大的障碍。再加上每次选人时，因为迫切希望被选中，导致她上场后异常紧张，使得平时的训练水平发挥不出来。此时的女孩似乎到了绝望的地步，她感到自己的足球道路黯淡而迷茫，于是她就有了离开体校放弃踢球生涯的打算。

这天，她告诉教练说:“看来我不适合踢足球了，我想读书，想考大学。”教练见女孩去意已决，默默地看着她，什么也没说，而是从抽屉里给她一个东西，是职业队的录取通知书。教练告诉她，这是昨天刚刚接到的，他还没有来得及给她。此时的她激动得眼里闪着泪花。良久，教练说：“孩子，以前我总说下一次就是你，其实那句话不是真的，我是不想打击你而告诉你说你的球艺还不精，我是希望你一直坚持下去啊！”女孩一下子什么都明白了。

许多时候，我们觉得自己已经到了不堪一击的崩溃边缘。可是，你知道吗，我们的力量和信念有着巨大的弹性，如果我们能够再坚持一下，成功的曙光就在不远的前方。

第五章
坚守我的责任

积极主动是一种对工作负责的态度，这种态度使员工能够创造性地工作，而不是被动、机械地应付差事。一个人最关键的不是缺少知识和能力，而是缺少积极主动的心态。一个没有主动精神的人，工作对他们来说只是一件可以养家糊口的工具、一种生存的手段而已，甚至成了一种负担、一种累赘。

做积极主动的员工

现在职场上什么样的员工最受欢迎呢？就是不坐等指示、主动寻找事情去做的人，就是能够主动请缨、主动为公司考虑问题的人，这也是老板所要寻找的最优秀的员工。那些总是等着老板交给任务，然后才去做的人，永远不会在事业的道路上有较大的发展。

一个人要想取得事业上的成功，积极主动的精神是最重要的，缺乏主动精神往往是一个人事业失败的主要原因。一个总是想着为别人做事的人难以付出百分之百的责任心，他们没有把工作当成自己的事认真去做，自然难以得到老板的认可。而那些总是能毛遂自荐、敢于担当的人则势必赢得老板的欣赏。

小马和小雷同在一家公司任职。一年之后，小马得到了老板的提拔，而小雷却还停留在原来的职位上。小雷觉得不服气，他不明白为什么自己业绩比小马好却得不到提拔。于是他就去找老板问理由。

老板听完他的牢骚之后很平静地说："现在我有一个任务交给你去做，如果你能完成得很圆满，我就提拔你。任务就是你现在到商场买一台价格在300元左右的打印机回来，我有急用。"小雷欣然答应了，他想这真是小事一桩。没多一会儿他就回来了，他向老板报告说："现在没有价格在300元左右的打印机了。""那都有什么价位的？"老板问。小雷听了又赶紧去了商场，一会儿又汗流浃背地回来了，他气喘吁吁地说："大部分都是500元左右的。""那能否降价一点到400元或450元呢？”老板又问。小雷只好又去商场跑了一趟。就这样反复跑了很长时间，快要天黑时，小雷才将一台打印机买回来。

小雷不知老板葫芦里卖的什么药，老板看出他的疑问，微微一笑说：“你现在也跑累了，先坐下来休息一下，顺便看一下别人是怎么做的。”老板叫来小马，让他去做同样的工作，小马很快从商场回来，跟老板汇报说：“我问了所有卖打印机的，价格大部分都是在500左右，只有一款是350元。但是我试用了一下，这款打印机打出来的字体清晰度不够好，而有好几款500元的打出来的字却清晰多了。我问了几个老板，只有一家同意降价到400元。我想多花100元买一台名牌而且质量不错的产品应该符合您的意思，于是我就决定买下这台。等一会他们就会把东西送过来。”

这时，小雷终于明白了自己不能升职的原因。他只好灰溜溜地走了。之后，他一改从前懒惰、被动的工作状态，从而使工作大有起色。

一个做事等着老板去吩咐，完全按照老板的意思去做的人永远也无法出人头地，因为他们总是让自己处于被动地位，无法把工作当成自己的事去做，这样一来，在工作过程中偷懒、敷衍便成了常有的事，想要把工作做好便不太可能了。

职场中，我们不仅要懂得服从，学会遵从老板的意思办事，还要学会积极主动地独立解决问题，不要总是等着老板的吩咐，要学会主动站到老板的位置上考虑问题，把自己当成暂时的老板去处理问题。这样的员工是一个敢于负责的员工，是一个敬业爱岗的员工，自然也是老板所喜欢的员工。

有些人总是害怕犯错，因而不敢按照自己的意思去做事，他们认为完全听老板的话，一切服从老板才是最优秀的员工。诚然，服从是必需的，但是只知道服从却没有工作的主动性、积极性也称不上是个优秀的员工。这些人是只知道机械地完成工作的“应声虫”，他们像机器人一样没有自己的思维，只知道按照别人的指令做事，完全没有自己的主见和想法，遇到一点问题就去向老板求救。而且更重要的是，为了避免出错，他们总是保持沉默，不敢说出自己的想法，这是最令老板感到不满的地方。这样的人无法替老板分担忧愁，自然就不会得到老板的器重。老板会毫不犹豫地将他置于晋升考虑的范围之外。而那些既能很好地服从老板的命令，同时能够主动加上本身的智能和才干，把老板交代的任务做得比预期还要好的人，才是老板真正需要的人。

因此，当你的老板在处理某种事务的时候，如果你有好的主意，就应该果断地提出来，不过要采取让老板感到能够接受的方式。主动地、适时地提出一些合理化的建议，可以让你的价位在老板的心目中水涨船高。

什么是主动？就是有些事不用别人告诉你，你就会自动自发地去做的工作积极性。曾经有一位做了20年老板的人这样说：“我钦佩那些能积极主动做事的人，不论老板是否在办公室都会努力工作。正如排除万难把信送给加西亚的罗文，他接到任务后不找借口，不提任何愚笨的问题，也不随手把信扔进水沟里，而是不顾一切地把信送到目的地。这样的员工永远不会被解雇，也永远不必为了要求加薪而罢工。这样的员工在每个城市、村庄、乡镇，以及每个办公室、商店、工厂，都会受到欢迎。”

职场竞争激烈，只有那些遇到问题能准确掌握自己的指令，并主动加上本身的智慧和才干去解决，而且能够做得比预期还要好的人，才是时下最需要的人。这类员工在接到一项明确的任务后，如果发现在老板的指令之外，还有另外一条更好的途径可走，他们会主动请示，主动改进。

也许，这类做法会给老板“侵略性”之感，会让老板感到威胁到了他自身的威严。但一个聪明的老板绝不会因此将他们拒之“门”外，更不会对他们敬而远之。聪明的老板会大胆地采用他们的建议，并且重用这样优秀的员工。因为老板们完全相信：即使工作未按自己所设想的进行，但一定正被一种更好的方法完成。

在现代这个商业时代，任何事都需要主动去创造条件，没有你自身的主动努力，成功不会降临到你的身边。工作中如果你不能主动做事，那么你就相对比别人少了很多晋升的机会，当很多人都懂得主动做事去争取机会的时候，你还在一旁被动消极地等待机遇的降临，那么结果就只有失败。成功需要我们比别人多做一点，需要我们发挥主动性、积极性，把工作当成自己的事来认真对待，这样我们才能更顺利地行走在职场的大路上。

主动让你有更多机会

我们都知道做老板的很勤奋，总是什么事都主动去做。为什么？这个道理不用讲也知道，因为老板是公司的负责人，公司的正常运转以及发展都与老板的利益息息相关。如果老板不努力，不关心公司的发展，那么其他人就更不会主动做事了。

老板是公司的顶梁柱，他需要时刻关注公司的发展前途，需要每天都清楚公司的运转情况，需要每天都清楚公司的赢利情况……这些事情不用任何人告诉他，他都会主动去做。也许有人会说：这种积极的工作态度是老板的职位所决定的，他是老板，理所当然就要对公司负责，要挑起公司的大梁。但是，作为员工就不应该对公司负责了吗？就不应该积极主动了吗？

积极主动是一种对工作负责的态度，这种态度使员工能够创造性地工作，而不是被动、机械地应付差事。一个人最关键的不是缺少知识和能力，而是缺少积极主动的心态。一个没有主动精神的人，工作对他们来说只是一件可以养家糊口的工具，一种生存的手段而已，甚至成了一种负担、一种累赘。由于从内心深处缺乏主动，他们根本就不会真正关心自己的工作，更不会关心公司的发展。由于欠缺工作的热情，他们不会全身心地投入工作，更不会创造性地工作，他们只是机械性地完成老板所交代的任务，从不会主动去做一些额外的工作。这样一来，他们在工作中的成绩就可想而知了。

1862年，美国爆发南北战争，当时联邦军正处于非常不利的战局之中。因为联邦军缺乏卓越的将领。林肯总统曾先后任用了5位指挥官，皆因他们墨守成规、缺乏创造力而失败。他们没有打败南方军，不仅不主动承揽责任，反而一遍又一遍地寻找各种借口。在这种关键时刻，林肯总统急需一位能够挑起重担的将军来领导联邦军。在议会上，林肯严肃地询问在座的将军："你们其中的哪一位能够保证打败敌人？"当时整个会场顿时鸦雀无声。突然，格兰特站了起来，他大声地说道："我能，总统。"

这是个并不太显眼的将军，总统半信半疑地问他："你凭什么要我相信你？"

"以我的积极主动。"格兰特大声回答。

后来，林肯将格兰特安排到时任密西西比军区司令的哈勒克将军那里，林肯特意嘱咐将军："这里有一个人你要懂得重用，他就是格兰特，在关键时候，他不会令你失望。"

总统虽然如此嘱咐，但是在这个将军的眼里，格兰特却是个令人头疼的人物。

后来，战争局势非常严峻，联邦军一直打败仗，南方军险些打到了华盛顿。此时，作为哈勒克的部下，格兰特显示出无比强大的勇气。他自告奋勇，献计献策，当全军忙着防御的时候，他开始主动进攻，终于攻下亨利要塞，一举扭转战局，也改写了美国历史。

在作战过程中，格兰特态度强硬，意志坚决。当时，在北军强大的压力下，南军司令向格兰特提出停火要求。格兰特坚决拒绝，他发出了一封著名的电文："没有任何条件可讲，只有立即无条件投降。"就这样，1.5万名南方军被迫投降。这对长期以来一直被动挨打的北方军来说无疑是一个振奋人心的消息。因此，当时人们把格兰特戏称为“限令无条件投降的格兰特”。

格兰特作为一个部下，他表现出强大的主动性、积极性，这种精神是难能可贵的。在格兰特的军旅生涯中，他总是保持着十足的干劲，在战争的关键时刻，他敢于主动地进攻，能够积极为整个部队着想。这种主动精神也使他收益颇丰：当他是上校的时候，他连连得胜；当他是少将时，他战果辉煌。是什么能力使他能够一直处于领先地位？是什么因素使他屡创佳绩？主要原因就是他积极主动的精神，他敢于在境况艰难的时候主动寻找突破，争取条件，争取主动。

后来，格兰特被升任为联邦军队的总指挥，他凭着自己的能力创造了一个又一个奇迹，成了人们认可的“战场上的想象大师”。当时，家乡的人民为他建了一座住宅，以表示对他功劳的赞扬。费城送给他一座大楼，国会则授予他五星上将的军衔，这是自开国总统华盛顿以来的第一个五星上将。而最大的礼物则来自美国人民——他们奖给了他美国总统的职位。

从一名士兵成长为一名将军，又从将军成长为美国总统。这都是格兰特积极主动做事的结果，任何机遇他都没有被动等待，而是主动争取。

主动才能使你拥有更多成功的机会，机会不是等来的，而是主动争取来的。主动可以让一个人从丑小鸭变成白天鹅，被动则让白天鹅变成丑小鸭。失败者所欠缺的不是机会，而是积极主动的精神。

一个人的思想决定一个人的命运。因此，是否有积极主动的思想对一个人的命运有着相当大的影响。当机遇摆在你面前的时候，你是主动出击、奋力一搏，还是畏首畏尾，任机会从你眼前悄悄溜走？

如果当初格兰特没有主动的精神，他怎么能取得战争的胜利，又怎么能赢得美国人民的支持，当上美国总统呢？就是他的主动使他拥有了比别人较多的机遇，从而一步步走向了成功。所以，当机遇出现的时候，具备责任心和主动性的人应该主动去面对，去迎接挑战，主动出击，这样才能，把握有利地位。

成功的人不相信命运，他们相信什么事情都要自己主动去争取，而不是被动地等待。世界上没有任何人能保证你成功，只有你自己；世界上也没有人能阻挠你成功，只有你自己。所以，是否具有积极主动精神，对一个人的成功具有十分重要的意义。

“谁是老板最喜爱的员工”这个令无数老板所关心的话题，其“答案”也随着时代的变化而不断地变化：昔日绝对服从命令的员工已经不是老板最需要的，也不是老板最喜爱的。今天的市场发展状况急需那些能够主动做事的员工。老板的工作越来越繁忙，在这种情况下，不必老板交代就能积极主动做事的员工势必成为老板最喜爱的员工。

在一个企业里，只有老板的积极主动是不够的，还需要每个员工充分发挥自己的工作主动性，在老板没有交代的情况下认真做好工作，这样才能为公司带来更大的效益，才能逐步提高自己的工作水平和工作能力，使自己具备一个卓越人才最基本的条件和发展希望。

因此，在平时的工作中，每一个人都应该培养积极主动的做事风格，不能凡事都等领导安排才去做，而要懂得主动争取。因此，我们不能让懒惰的情绪占据我们的思想，当领导布置了工作我们要认真去做，当领导没有布置工作时我们也要主动去做。我们应当培养自己的工作主动性，充分发挥自己的主观能动性，把领导交给自己的任务尽可能出色地完成，并且力求超额完成。当我们这样去做的时候，相信每一个老板都不会视而不见，当你的主动为公司创造了不菲的业绩，你的成功也就不再遥远。因此，我们要把工作主动性培养成自己的习惯，绝不可养成坐享其成的毛病，要努力摒弃被动等待的坏习惯，在等待机遇到来的时候主动充实自己，努力学习一切有用的知识，收集一切有效的信息，增强一切有利的修养，时刻准备好在机遇到来时把它牢牢抓住。

一名优秀的员工是一个积极主动的员工，但是这种积极主动只有把它变成一种思维方式和行为习惯时，才能具有更强大的力量。只有时时处处表现出你的主动性，才能获得机会的眷顾，并最终成就卓越。

别让拖延毁了你

我们都知道古人有一首这样的诗——《明日歌》：“明日复明日，明日何其多。我生待明日，万事成蹉跎。世人若被明日累，春去秋来老将至。朝看水东流，暮看日西坠。百年明日能几何？请君听我《明日歌》。”

这首诗是说时间的可贵，同时也指责那些浪费时间、拖延时间的人。时间像流水一样逝去，而蹉跎岁月的人却迟迟不见行动，硬是将大好时光浪费，直到渐渐老去，依然一事无成。

还有一位诗人写道：“昨日复昨日，昨日过去了，昨日没干好，今日徒懊恼。世人但知悔昨日，不觉今日消失了。江水日夜流，花落知多少。成事立业前车鉴，莫待那里懊悔了。”

一个人养成凡事拖延的习惯是很可怕的，因为，拖延是对生命的挥霍。拖延总是在不知不觉地消耗着我们宝贵的生命，使我们一事无成。

拖延的毛病看起来似乎无伤大雅，但其实它是慢性毒药，它会在不知不觉中使我们全身中毒，然后走向生命的终点。

拖延的毛病是由于人的惰性和侥幸心理使然。惰性使人们寻找各种借口来延长做事的时间，从而丧失了很多绝好的机会。拖延还由于侥幸心理在作怪，心存侥幸的人总是觉得延迟几分钟无关紧要，但是这次延迟了几分钟，下次又延迟几分钟，时间一长，就会失去很多成功的机会。有些人能在瞬间果断地战胜惰性，积极主动地面对挑战；有些人却深陷于“激战”泥潭，被主动和惰性拉来扯去，不知所措，无法定夺……时间就这样一分一秒地浪费了。

其实，拖延是对困难的一种逃避，在遇到难题时，他们找不到解决问题的办法，只能一再地拖延，希望可以找到更好的解决办法。但是，时间往往是不等人的，机会总是转瞬即逝，很可能当你有了解决办法的时候，机会已经失去了。就像对待一个生病的人，有的医生以为应该抓紧时间医治，有的医生却认为病人不会马上有生命危险，再拖延几天也无关紧要，而且还可以寻找到更好的医治办法。就这样，病人在医生的拖延中一天天等待，直到有一天病人再也等不及，病魔夺去了他们的生命。因此，在遇到困难时，一定要赶紧想出解决的办法，有一点把握也要赶紧实施，而不是为了寻找更好的解决办法一味拖延。拖延的结果只能是丧失机会和希望，使事情陷入僵局。因此，以拖延来逃避问题、逃避困难的方法不能从根本上解决问题，要想解决问题，必须采取积极有效的行动。

拖延是成功的大敌，一个做事拖延的人很难做出大的成就来。拖延就是犹豫不决，就是对机会的浪费。机会往往转瞬即逝，不能及时抓住机会，就会错过很多。凡事只要认准了，就要抓紧时间去做，不要有一点拖延。要养成立即行动的习惯，要敢于尝试，敢于冒险。不能因为事情有风险便不敢马上去做，这样不仅拖延了时间，还错失了成功的机会。世界上的任何事都有风险，但是只要敢于去尝试，就会有希望。做，也许会失败，但是，如果不做，则只能失败。

2003年，《商业周刊》评出的50家标准普尔表现最佳公司中，埃克森—美孚石油公司排名第23名，而且在《财富》评出的全球500强中名列第二。在2002年，它的利润为210亿美元，比2001年增长90%，股东回报达到110亿美元。

埃克森—美孚石油公司之所以跃升为全球利润最高的公司，是因为它拥有一支做事高效的团队。他们从不拖延，公司那些做事拖延的人会毫不留情地被解雇。因此，所有留在美孚工作的员工都是高效办事的能手。那么，这些人天生就具有不拖延的习惯吗？事实并非如此，公司总是开辟出专门的时间对员工进行培训，让他们有意识地去锻炼迅速做事的风格，并且还让他们在工作中进行实践。结果证明，员工很快便克服了拖延的毛病，养成了一种高效的工作风格，这样一来，他们给公司创造的利润大大提升，每一位员工工作起来也更加得心应手了。

人天生都是有惰性的，懒惰似乎是与生俱来的，它像身体里的蛀虫一样腐蚀着我们的身心，使我们丧失工作的积极性和主动性，久而久之，拖延便成了我们做事的习惯，时刻跟随在我们身边。

做事不拖延就是争取在最短的时间内完成一件事，时间是固定的，但是它的利用空间却可以因为速度的不同而有较大的区别，一个珍惜时间的人必定是个做事果断、快速的人，他绝不会因为担心失败而踟蹰不前，也不会因为害怕风险而拖延。一个成功的人即使知道事情充满了危险，充满了很多未知的东西，还是会立即行动，马上去做，绝不拖延。因为，他们知道拖延便是在浪费机会，是对时间的浪费，时间是无情的，你若不赶紧把握它，就只能眼睁睁看它从你身边溜走，而你却依旧两手空空。

我们每个人都或多或少地有着做事拖延的毛病，一方面是因为懒惰的天性，另一方面也是因为胆小怕事的性格使然。可是，拖延常常使我们失去了成功的机会，使我们一事无成。有人说，做事要认真，“慢工出细活”。适当的认真细致是必需的，但是，过分的认真细致就意味着拖延，而拖延只能使我们走向最终的失败。

因此，摆脱凡事拖延的毛病是走向成功的关键所在。惯性的拖延会让人陷入懒惰和庸俗，无法超越自我的局限，最终导致失败。如果一旦拖延形成习惯，就会成为寻找借口的专家。如果你存心拖延逃避，你就能找出成千上万个理由来辩解为什么事情无法完成，而对事情应该完成的理由却想得少之又少。你就会总是把“困难太多、太花时间”等种种看似合理的理由更加合理化，这时要相信“只要我们更努力、更聪明、信心更强，就能完成任何事”就困难多了。

也许很多人都有这样的感受：清晨，当闹钟将你从睡梦中惊醒，一方面你想着该去上班，你该起床，但另一方面你又无法割舍被窝里的温暖，于是你一边不断地对自己说：该起床了，一边又不断地给自己继续待在被窝的理由——再待几分钟，迟到不了。于是，你就这样在忐忑不安之中又躺了5分钟，甚至10分钟……

可是，等你终于鼓足勇气、下定决心起床之后，你却发现时间已经所剩不多，甚至有了迟到的可能。如果拖延已经成了惯性使然，这种毛病就无法改变。

拖延是对惰性的纵容，一旦形成习惯，就会消磨人的意志，使你对自己越来越失去信心，怀疑自己的毅力，怀疑自己的目标，甚至会使自己的性格变得犹豫不决。

凡事习惯于拖延的人，不是因为没有时间，而是因为充裕的时间让他们没有意识到事情的重要性。切斯特·菲尔德曾说：“有一个无可争议的真理，就是要做的事情越少，人们就越觉得没有时间去做。他们一拖再拖，总是认为还有充足的时间去做。如果想做，其实早就做完了，但就是根本不做。有很多事要办的人却能抓紧时间，而且总能找到足够的时间来做事。”

我们总是说“时间就是金钱”，时间对于我们来说无比珍贵，因为时间是一去不复返的，它一旦消逝，就永不会回来。我们都应该树立时间观念，懂得时间的可贵，这样在做事的时候提醒自己不能拖延，抓紧时间去做，提高工作效率。

想要克服拖延的习惯，首先要懂得时间的珍贵、机会的珍贵，其次要从思想中深刻认识其危害性，然后采取措施将其从自己的个性中清除。下面这两种方法可以借鉴：

第一，为自己列出一个详细的工作计划表，按照这个表上的时间严格去执行。

第二，主动去解决事情，而不是被动等待。当发生了困难，要在最短的时间内解决，而不是一直拖延。

方法总比困难多

积极尝试是完善自我的最好方法。在工作中遇到难题，遇到那些看似无法完成的任务，你不必担心失败，只要勇敢地去尝试，便有希望出现奇迹。在美国，有一项针对首席执行官的调查显示，他们最欣赏的就是那些接到任务后从不推脱、勇敢去尝试的员工，以及在困难的时候绝不放弃的员工。他们有着不达目的誓不罢休的勇气，无论是否能够成功，至少这些员工都勇敢地面对了。在遇到难题时，他们没有想过放弃，没有想过退缩，而是奋勇向前，积极进取。因此，他们比那些只会被动接受工作的员工要令人欣赏，因为他们有勇气、积极上进，这种精神就是一个优秀员工的精神。

不要说你做不到，这是一种自信，一种责任，一种勇气。

遇到困难时，不要找借口，不要说你做不到。世间无难事，只怕有心人。遇到困难应该多想一想：有没有别的解决方案？能不能将问题分解开来，继而一步一步地加以解决？或者，是否需要先提高自己在某方面的能力，然后再回头来处理这个难题？不要在一开始就否定自己，如果你能在心中告诉自己“我能行”“我可以做到”，那么你一定能取得成功。

富尔顿·罗伯特在发明第一艘以蒸汽机为动力的轮船时，也曾碰到了重重困难。他本来是一位画家，21岁时，他到欧洲以画画谋生。在法国，他见到了美国人菲奇设计的蒸汽轮船图纸，他意识到这是一个具有深远价值的图纸。于是，他按照图纸设计出了轮船，并拿着自己的设计去见拿破仑，希望他能支持和帮助自己。可是，拿破仑见了之后，却一笑置之，说他的这个设计简直荒唐至极，根本不可能实现。于是富尔顿很失落地走了，但是，他还是相信自己可以研制出来。之后，他就在英国订购了瓦特蒸汽机，带回美国自己试制。

这一试就是9年，经过9年时间的辛苦研制，1803年，富尔顿终于制造出了由他自己设计的第一艘以蒸汽机作为动力的轮船。他做到了，他成功了。在成功的那一刻，他真想找到拿破仑，告诉他：我做到了，没有人能说我做不到。之后，他在法国的塞纳河上进行试航，取得初步成功。但事情并不是永远顺利的，当天晚上那艘船就不幸被暴风雨所摧毁。历经千辛万苦创造出来的劳动果实就这样一下子失去了，富尔顿感到万分沮丧，甚至感到了绝望。

他不知道该如何坚持下去。当周围的嘲笑声响起时，他仿佛又听到了拿破仑的那句话："你做不到。""不，我一定能做得到，一定能。"富尔顿告诉自己，永远都不说自己做不到。

于是，他又立即投入到第二次改建工作之中。在这以后，失败总是形影不离地伴随着他，然而富尔顿并不气馁。这中间也有很多人告诉他这是个无法实现的愿望，但是每次富尔顿都告诉他们："我一定能做得到。"

经过不懈的努力，1807年8月，他所制造的铁壳轮船终于出现在美国哈德逊河上。这艘船45米长，4米宽，名叫"克莱蒙特"号。在试航的时候，很多人都前去观看，当"克莱蒙特"号缓缓离岸，驶向江心，人们都禁不住欢呼起来："他做到了，他做到了。"经过32小时的逆水航行，"克莱蒙特"号完成了从纽约到奥尔巴尼距离为240千米的路程。“克莱蒙特”号顺水回航时仅用了30个小时，它的平均时速达到5.6千米，从此揭开了蒸汽轮船时代的帷幕。

富尔顿所发明的轮船在人类船舶制造业的发展史上揭开了崭新的一页，具有重大意义。这一切都是富尔顿当时坚强的决心所创造的。“不要说你做不到”，是一种不达目的誓不罢休的决心，它表现了一种强大的责任心和敬业精神。

作为一个员工，在工作中，当老板交给你一项任务时，即使知道难度很大，也不要轻易说你做不到。一个没做任何尝试就放弃的人永远也无法得到老板的器重。纵使有再大的困难，也要勇敢地去尝试的人，才是值得尊敬和信任的。因此，对待你手头的工作，一定要认真去做，要负起百分之百的责任，不轻言放弃，勇敢地迎接风雨，这样才是一个优秀的员工。

像老板一样自动自发

拿破仑·希尔曾说：“这个世界愿意对一件事情赠予大奖，包括金钱与荣誉，那就是‘自动自发’。”

著名钢铁大王卡内基说：“有两种人绝不会成大器，一种是除非别人要他做，否则他是绝不主动做事的人；另一种人是即使别人要他做，也做不好事情的人。”

自动自发是一种极为难得的工作美德，它是优秀员工所具备的优秀职业精神。它驱使一个人在没有被吩咐做事的情况下，就能主动去做应该做的事。优秀的员工总是自动自发的，他们的工作态度是积极而主动的，他们从不偷懒，而且常常在老板没有吩咐的情况下主动做事。这样的员工是老板最欣赏的员工，也是现在职场所急需的员工。

自动自发代表了一种良好的工作态度，这种态度是积极的、主动的、充满热情的，具有这种态度的员工不会把工作看成一种苦役、当成一种负担，而是看成一件快乐的事、一件神圣的使命。

如果我们静下心来深入地分析一下，会发现这个世界上成功人士的经验之一大多是自动自发做事。大多数成功人士做任何事情总是“主动”的，他们总能在不用老板吩咐的情况下就主动做事，而且总是要求自己做到更好。做什么事情都很被动的人，一生是非常难有一番成就的。做事积极主动的人就意味着他自身做事情十分有责任心，因为只有有了责任心才能把事情做好。

英特尔公司总裁安迪·葛洛夫曾对即将毕业的大学生说过一番这样的话："不管以后你将在哪里工作，做什么样的工作，你都不要把自己仅仅当作一名员工——应该把自己当成公司的老板一样去主动工作。"只有将自己置于主人翁的地位，积极、主动地工作，而不是被动、消极地工作，你才能将自己的工作做好，才能获得更大的实际利益。

艾伦是一个公司的小职员。她工作勤恳，但一直没有提升的机会。后来，她的朋友告诉她："工作中与我们一样努力的人很多，我们如何才能胜人一筹，突出自己呢？那就要学会自动自发地做事，不要一切都等老板安排。你要把自己当成老板，一切都主动去做，这样才有机会得到重用。"

艾伦按照朋友的劝告去做，此后不久，她果然得到了提升。直接原因就是她自动自发地去工作。

一个星期五的下午，与艾伦同在一层楼的一位律师走进来问她，哪儿能找到一位速记员来帮忙，他手头有些工作必须当天完成。

当时，已经快到下班时间，公司开完会就允许员工先下班，因此当时所有速记员都下班回家了。如果这个律师晚来5分钟，艾伦也准备走了。这位律师看起来非常着急，于是艾伦就表示自己愿意留下来帮助他，因为"晚些时间回家无关紧要，但是工作必须在当天完成"。

一直做到深夜12点，工作才做完，律师很感激地向艾伦致谢，并且问艾伦应该付她多少钱。艾伦开玩笑地回答："哦，既然是你的工作，我就收你800美元吧。如果是别人的工作，我是不会收取任何费用的。"律师笑了笑，向艾伦表示谢意。

艾伦只不过开了一个玩笑，她并没有真正想得到800美元。但出乎艾伦的意料，那位律师竟然真的这样做了。不久，艾伦收到了这位律师的800美元，并且非常诚恳地邀请艾伦到自己的公司工作，薪水比现在高出1000多美元。

员工是公司的支柱，因此员工能否自动自发地工作直接决定了公司的发展前途，因为只有具备自动自发精神的员工才能认真地完成本职工作，才能保证产品的优良质量。而那些没有自动自发精神的员工本身缺乏一种主人翁精神，他们总是被动地完成任务，缺乏主动性、积极性，更缺乏工作的激情和责任感。这样的员工很难积极主动地去做事，一个没有责任感的员工更无法做出精品。

只有自动自发，才能更高效地工作。如今生活节奏加快，商业环境的节奏更是令人眩目。所有的老板都必须保证自己的企业能在激烈而紧张的市场中立足，大至公司，小至员工，要想立于不败之地，都必须奉行主动执行、自动自发的工作理念。因此，老板要求员工主动地工作就理所当然了。看一下我们身边的老板们，他们走路总是步伐匆匆，他们做事总是一副着急的样子，他们恨不能把一分钟分成两分钟用，以走在同行业的前列。

所以，要求每一个员工都自动自发地工作就成了老板的愿望。老板最喜欢那些做事主动，他在与不在都不偷懒的员工；他希望员工在遇到困难时，能够自己想办法解决，而不是总是向他求救。凡事都让老板多替你操份心，要老板白花时间帮你完成工作，比浪费金钱更叫他心痛。老板最痛恨的是那些什么事都等着他去吩咐的员工。这样的员工被认为是最没有前途的员工，也是老板最头疼的员工。老板往往都很在乎工作效率问题，他们把时间看得很重，失去一分钟，他就有可能失去整个计划。没有哪个不讲效率者能成为老板，也没有哪个老板能长期容忍不能自动自发的员工。

因此，任何一个身在职场的员工想要做出一番成就，想要赢得老板的欣赏，就要学会自动自发。对老板交待的工作，能够快速地处理，很漂亮地完成，又没有为公司损失任何利益，这才是老板最喜欢的员工。

比尔·盖茨说："一个优秀的员工，应该是一个具备自动自发精神的员工。他会积极地去做事，积极地去提高自身技能。这样的员工，不必依靠管理手段去触发他的主观能动性。"在现代职场，过去那种听命行事的工作作风已不再受到重视，懂得积极主动工作的员工将备受青睐。在工作中，只要认定那是你要做的事，哪怕看上去是"不可能完成"的任务，都要敢于接受挑战，立刻采取行动，而不必等上司做出交待。只有这样，才能在竞争中不被淘汰。

每个老板都喜欢自动自发的员工，而对于那些只有向他们发指令才会动一动的"机器"员工，任何老板都是不会欣赏的，更没有老板愿意聘用，哪怕付出再少的钱，他们也不希望聘用这样的员工。这些人是只知道机械完成工作的"应声虫"，这样的人，老板也会毫不犹豫地把他们剔除在考虑之外。

我们应该像老板那样自动自发。做老板的人都比较忙碌，他们好像永远有做不完的事，有处理不完的文件，有推托不掉的应酬，有开不完的会，有思考不完的问题。公司内部大小事宜都要亲自过目，而且外部的一些工作更要全力去做，他们整天忙得不可开交，连吃饭的时间都被剥夺了。他们这么辛苦是为了什么？是为了追求事业上的成功。他们每天积极主动地去工作，因为他们知道他们工作的目的是什么，自己要达到什么样的目标。他们担负着公司的大任，因此他们没有任何理由让自己有丝毫的松懈，他们不能像员工那样只完成自己分内的工作即可，他们不能被动地等待任务，消极地处理工作，因为他们是公司的主要负责人，他们要对整个公司的发展负责。因此，他们总是能毫无怨言地辛苦工作，没有人吩咐他们任务，他们就能积极主动地去工作，他们经常在心里问自己一些这样的问题：现在我该做什么？下一步该做什么？我要达到什么样的目标？我要如何才能让自己更有实力？

如果作为员工的你也能这样想，也能像老板那样积极主动，自动自发，遇到什么任务都认真负责地完成，那么你就是一个优秀的员工，是老板所欢迎的员工。如果你总是想：我是一名不需要当“将军”的“士兵”，所以我在最低限度内完成工作就可以了，无论公司怎样，都会分我一杯羹的。有这种想法的人迟早会被淘汰，因为他们缺乏一种最基本的敬业精神，缺乏对工作的热爱和责任。

一家知名公司的老板对于自动自发深有体会，他说：“我们这一行最迫切需要的人才就是自动自发的员工。特别是那些能够想方设法改进生产工艺的人才。在我们的生产与行销体系中，没有一件事是不能改进的。那些自动自发的人必定会为公司带来巨大利润，这也正是我们所需要的人才。”

那么如何才能培养自己自动自发的精神呢？要想在工作中自动自发，就要有热情的工作态度。热情工作首先是一个态度问题，是一种发自肺腑的积极主动，它体现了一种对工作的真爱。工作只有热情才能更具活力，才能取得更大的成绩。只有在工作中保持主动率先的精神，才能在工作中充满激情，而激情正是成就任何伟大事业的基础。当你自身养成这种自动自发的习惯时，你就有了与他人搏击的力量源泉，你就有可能成为上司和领导者。

我们的事业、我们的人生不是上天安排的，是我们主动争取的。如果你主动行动起来，不但锻炼了自己，同时也为自己争取这样的职位积蓄了力量。但如果什么事情都需要别人来告诉你时，你已经很落后了。

那些能主动做事、独立自主地把事情做好的员工，无论他们学历如何，无论他们所受到的训练或技能如何，他们都将会成为上司最需要的人，获得更多的奖赏。

无论你从事什么样的工作，无论你的上司是谁，只要你自身具备了自动自发的精神，积极主动地为公司考虑，为共同的目标奋斗，为了公司的发展壮大而努力，你就一定能通过自己的奋斗步入胜利的殿堂。

管理好你的时间

我们每个人都被上帝公平地给予每天24小时，然而在这同样多的时间里，不同的人却能创造不同的价值。有的人成功，有的人失败。那么最大的区别在哪里呢？在这24小时内，即三个8小时里我们一般都这样分配自己的时间：第一个8小时工作，第二个8小时睡觉，第三个8小时做其他的事情。那么这第三个8小时所创造的价值则是人与人之间的最大区别。如果你能充分地利用第三个8小时，那么你就能较别人获得更多的东西。假如每天你花2个小时上下班，2个小时吃早、中、晚饭，1个小时看电视，那么你就只剩3个小时的自由支配时间了。你可能会在这个时间里健身、唱歌或者找人聊天。但是如果你能从交通、睡觉、吃饭的时间里分别省出一些时间花在交际上，你的人脉增长将是惊人的；如果你把这个时间用在学习上，你的收获也是惊人的。

时间对于我们来说至关重要，如何安排时间对于你的工作更是重要。一个不会安排时间的人就不懂得如何工作，会管理时间的人能够在有限的时间里创造出无限的价值，充分利用每一分钟，尽可能多地获取更多的资源。

现代管理大师彼德·德鲁克曾经说：“不能管理时间，便什么都不能做好。”

时间是世界上最宝贵的资源，每个人都拥有24小时的一天。然而它又是世界上最稀缺的资源，因为它短暂、稍纵即逝。成功的职业人大多都是管理时间的高手，他们视时间为生命，总是能在较短的时间内创造出较高的效率。而低效率的工作人员则无一例外地都不擅于管理时间。

在现实中，有多少人对时间视而不见，许多人在工作上更是浪费时间的高手，他们总是以为没有必要像秒针一样忙碌。。于是工作起来懒懒散散，时间在他们手里便一分一秒地消失了。相反，那些有所作为的人却是视时间如金钱的人，他们把每一分每一秒都计算在自己的工作日程中，合理安排自己的时间，是真正的时间管理高手。

"一寸光阴一寸金，寸金难买寸光阴。"我们的祖先很早就认识了时间管理的重要性。"逝者如斯夫，不舍昼夜！"孔老夫子曾经站在河边对着湍急的江水如此喟然长叹，他将时间管理与人的生命相提并论，可见我们的先人对时间的重视。孔子在见到他的一位弟子利用白天的时间睡觉时，严厉批评了这位弟子，告诉他如何进行高效的时间管理。可见，管理时间的概念很早就在人们的意识里存在了。

不仅中国很早就对时间管理很重视，西方的管理大师也同样对时间管理高度重视。彼德·杜拉克就曾说："时间是最高贵而有限的资源。"法国思想家伏尔泰曾说过这样一个谜语："世界上哪样东西是最长的又是最短的，最快的又是最慢的，最能分割的又是最广大的，最不受重视的又是最受惋惜的；没有它，什么事情都做不成；它使一切渺小的东西归于消灭，使一切伟大的东西生命不绝？"

这个"东西"是什么呢？它就是时间。时间对每一个人来说都是如同生命一样宝贵的东西，它来去匆匆，对于那些浪费时间的人来说它毫不留情，但对于那些珍惜时间的人来说它又会慷慨大方地赠予他们丰硕的果实。它让虚度光阴的人感到可耻，让辛勤劳作的人感到光荣。

威廉是英国某公司的总经理。他在伦敦拥有35000多名雇员。威廉把时间称为“第三资源”。他说：“时间管理对于一个企业是至关重要的，它与其他两种公认的资源资本和劳动力不同，它是不能替换的。任何一个想干一番事业的企业家，都必须明了时间的极端重要性。”

对于一个人的工作来说，懂得时间管理的重要性就等于成功了一半。那些成功人士多是管理时间的高手，他们合理地安排时间，先做最重的事，做事主次分明。歌德曾经说过：“做最重要的事情，可千万别被那些最不重要的事情随意摆布，永远不要。”好好管理自己的时间真的很重要，在哪些项目上花多少时间，在什么时间做什么事，这些都是时间管理需要做的。

在职场竞争激烈的今天，每个人都感到时间的紧迫，常常会发出这样的感叹：“时间怎么过得这么快，还有很多任务没有完成呢！”一天8小时工作的时间根本不够把任务完成，加班到深夜依然会觉得紧张，为什么？到底是时间真那么少，工作真那么多，还是我们不懂得时间管理所致？

可是，平时总是有人说他们没有时间做这做那。真的吗？时间对于他们来说真的那么苛刻吗？还是他们根本没有珍惜时间，没有好好管理时间，让很多时间白白地溜走了？其实，时间是富有弹性的，只要你能合理安排它，你就能好好利用它。要走向成功，必须学会掌控时间。必须学会先做最主要的事。有一个很著名的实验证明了这一点。

一个教授给他的学生们做实验：教授先是拿出一个玻璃瓶，然后将大石块装到玻璃瓶中，很快玻璃瓶中就填满了大石块。教授开始问这些学生："同学们，这个瓶子已经满了吗？"同学们开始交头接耳，都说"满了"。教授只是笑了一下，什么都没有说。然后他把准备好的小石块又慢慢地装入了玻璃瓶。很快，在大石块的细缝中，都填上了小石块。教授又开始问了："同学们，现在这个瓶子满了吗？"同学们的回答还是"满了"。教授又笑了一下，依然什么都没有说。然后把准备好的细沙又往瓶子里装，细沙很快就把小石块和大石头留下的缝隙给填满了。教授再次问："同学们，你们看这个瓶子已经装满了吗？"同学们这回就左右讨论，想想这下应该满了，就又都回答说："满了。"教授还是微笑，继续把准备好的水倒入了瓶中。很快水就装满了这个瓶子。教授微笑着第四次问学生们："同学们，这个瓶子装满了吗？"同学们很统一地回答说："满了。"可是教授又在瓶子里倒入了一杯酒精，酒精又很快和水融合在了一起，这下是真的装满了。教授最后又拿出了一个空的瓶子，先装进了水，但装了水之后，还能装入大石头、小石头和沙子吗？答案很显然，不能。

先做最主要的事，这就是时间管理的秘诀。无论你的时间表多么紧张，如果你确实努力，你就还可以做更多的事！这个实验告诉我们：如果你不是先放大石块，那你就再也不能把它放进瓶子里了。如果你不先做重要的事情，那些细水般的事情就会占据了你所有的时间。在实验中，如果你能抓住大石块，你就能总是将瓶子装满。

时间对每个人来说，真的是绝对地公平，所以我们要抓住自己人生中的大石块，不让自己的时间白白溜走。那么，什么是我们人生中的大石块呢？分清楚这个很关键。人生中的大石块应该是你的梦想、事业等等。无论任何时候，都要切记先去处理这些“大石块”，否则，一辈子你都无法抓住它。

那么，我们该如何进行正确的时间管理呢？

1. 设立明确的目标。有了目标才能有计划有目的地做事，才能不致走错路，走弯路。成功等于目标，时间管理的目的就是让你在最短的时间内实现更多你想要实现的目标；你可以把本年度6～10个目标写出来，然后找到一个核心目标，依次排列它们的重要性，根据这些列出详细的步骤，然后依照计划进行。

2. 制定合理的工作规划。古人云：“凡事预则立，不预则废。”养成计划性的工作习惯是进行时间管理的关键。在开展一天的工作之前，要对当天要做的事情进行规划。你要列一张总清单，把今年所要做的每一件事情都列出来，并进行目标切割。首先把年度目标切割成季度目标，详细写出每一季度要做哪些事情；其次，把季度目标切割成月目标，再写出月目标所要做的事情。接着，把每周、每天要做的事，要达到的目标写出来。

3. 根据事情的轻重缓急确定处理的优先顺序。这就是20：80定律：用你80%的时间来做20%最重要的事情。因此你要清楚什么对你来说是最重要的事，什么是次重要的事。你可以按照紧急重要、紧急不重要、不紧急重要、不紧急不重要的四个方面做出自己的每日行动计划指南表。然而究竟哪些才是最重要的事呢？当然是第一时间要做的、迫在眉睫的紧急又重要的事情，通常这些都是一些迫不及待要解决的主要问题。如果你天天在处理这些事情，这就表示你的时间管理并不理想。成功的人所花的最多时间是做最重要的事，而不是无关轻重的小事。

4. 做好时间日志，严格管理时间。每天做某些事情你花了多少时间，你都要把它详细地记录下来，这样才能清楚地知道你的时间管理情况。你可以记录你每天从刷牙开始到上班花了多少时间；在上班的路上花了多少时间；在工作中，你做这件事花了多少时间，那件事又花了多少时间；你跟领导汇报情况花了多少时间；你跟同事沟通工作花了多少时间；等等。当你把每天花的时间一一记录下来，你就会发现你究竟在哪里浪费了时间，在哪里节省了时间。当你找到浪费时间的根源，你才有办法改变。

5. 每天你要拥有至少半个小时到1个小时的不被干扰时间。这半个小时或1个小时是完全属于你自己的时间，这段时间你可以把自己关在房间里，静静地思考一些事情。那么，这短短的时间就可以抵过你一天的工作效率，甚至有时候这1小时比你三天工作的效率还要好。

6. 同一类的事情最好一次把它做完。假如你在做纸上作业，那段时间就都做纸上作业；假如你是在思考，用一段时间只作思考；打电话的话，最好把电话累积到某一时间一次把它打完。当你重复做一件事情时，你会熟能生巧，效率一定会提高。

7. 抽出一点时间去学习别人的成功经验，甚至可以花费一些金钱，用你的金钱去换取别人的成功经验。与成功者在一起，你就能节省很多去尝试、去实践的时间，就可以学到很多东西。比如你跟一个人学习他的成功经验，这样如果他花了40年的时间成功，你就浓缩了40年的经验。

有一句这样的话：“有效的时间管理，就是一种追求改变和学习的过程。”上天是公平的，不管是谁，一个人一天都只有24小时，不存在谁多一分，也不存在谁少一秒。在这段时间内，你可以过得很从容，也可以把自己弄得凌乱不堪。时间是同样的，不同的是它在不同的人手里会产生不同的效率。懂得时间管理的人能够很好地利用时间，在最短的时间里创造最大的价值。不懂得时间管理的人，则往往浪费宝贵的时间，结果就很难做成大事。

第六章
忠诚于你的公司

工作没有高低贵贱之分，只要用心去做，任何一份工作都有发展的前途。许多员工整天浑浑噩噩地工作，缺乏创造性、积极性，抱怨待遇不好、工作环境不好等，却从不在自己身上找原因。如果你也能像邮差弗雷德那样用心地工作，在工作中加入自己的创意和热情，那么，你肯定能做出一番不错的成绩来。

忠诚是义务

对于个人而言，忠诚是一种品德，一种高尚的情操；对于职业人来说，忠诚不仅仅是一种对组织或个人真诚无欺、遵守承诺的品德，也是一种职业道德，更是一种能力，一种无价的财富。

富兰克林曾过过："如果说，生命力使人们前途光明，团体使人们宽容，脚踏实地使人们现实，那么深厚的忠诚感就会使人生正直而富有意义。"那么，忠诚为什么富有意义？忠诚为什么会无价呢？让我们来看看下面这个例子。

大学毕业之后，张扬很快就来到了一家芯片制造公司工作，和他一起的，还有好友李晨。由于张扬和李晨是学电子产品研究开发的，所以他们两个人都被分配到了芯片研究开发组，在那里他们两个都有机会接触到公司最新产品的核心技术。

现在的社会是一个充满陷阱和诱惑的社会，许多不正当的竞争手段层出不穷，在张扬和李晨所在的城市里，也有一家同样生产芯片的公司，他们两个刚进入研究开发组的时候，这家公司就注意上他们两个了，他们想从张扬和李晨的身上套取该公司一些最新的产品核心技术。

刚开始的时候，张扬和李晨都没有被对方所开出的优胜条件所诱惑。不过时间一长，本来就在经济上有些困难的李晨开始动摇了。李晨为了对方所给的利益，希望让张扬也加入进来，为此还和张扬吵了起来。

原来，那家公司出了一笔很高的价钱，想购买张扬和李晨他们公司的一项最新技术，事成之后答应给他们两个数十万元的报酬，但是张扬一直都不同意。

“张扬，我们两个从初中认识到现在，我们的友情是任何事物也代替不了的。但是，你知道吗？对方开的价钱，可以让我们两人少奋斗5年。如果我们答应了对方，事成之后，就可以拿着那些钱去做我们想做的事了，你为什么不答应呢？”李晨对张扬说。

“不，李晨，我们不能那样做，如果那样做就违背了我们做人的原则，背叛公司的行为是可耻的。”张扬说。

经过一番劝说，李晨没有办法改变张扬的想法，于是他决定自己瞒着张扬做。

李晨经过几天的布置终于把那项新技术拿到手，也得到了那家公司所给的几十万元。这件事，李晨做得很隐蔽，谁也没有发现，包括张扬在内。

一个月后，那家公司推出了一种产品，这种产品正是李晨所卖出去的新技术，为此张扬他们公司损失了近两百万元。这时，公司才知道自己的技术让人出卖了。

张扬和李晨的感情很深，他们一起上初中，一起上大学，最后到同一家公司工作。所以，张扬很了解李晨，当大家知道技术被盗时，他第一时间想到了李晨。对此，李晨也没有隐瞒，他对张扬说了实话。“张扬，我知道你不同意那么做，所以我瞒着你做了，我已经把得到的钱分成了两份，打算在合适的时间给你，我们是好朋友，好兄弟，你不会揭发我的，难道不是吗？”李晨说。

“不，李晨，正因为我们是好朋友、好兄弟，所以我一定要揭发你！我不想我的好兄弟一错再错下去。”

两人为此展开了舌战，最终李晨在张扬的劝说下，答应向公司承担所有的责任。因为，李晨在张扬的眼中看到了泪花，张扬每说一句话的时候，都是含着泪说的。他知道自己真的错了，只有向公司坦白才是最好的出路。

两天后，张扬和李晨一同走进了总裁办公室，李晨还带着那张几十万元的支票。

李晨向总裁说明了来意，并承认了错误。总裁为此要给予张扬奖励，可是张扬拒绝了，因为他出卖了自己的朋友，虽然李晨做错了，但他们仍然是最要好的朋友。

李晨上交了所得到的几十万元支票，并主动要求承担法律责任，因为他给的几十万元远远不能弥补公司的损失。

面对两个年轻人的决定和态度，总裁愣了足足三分钟。最后，他开心地笑了，他走过去，拥抱着两个年轻人的肩膀说道：“我真的很高兴，虽然我们公司为此损失了近两百万元，但是我得到了两个诚实、忠诚、负责任的员工。公司的损失远远没有你们两个的价值高。为此，我决定，这件事就我们三个人知道就可以了。至于这些钱，你们自己拿走吧。”

张扬和李晨对于总裁的处理结果感到很意外，也很高兴，因为李晨不用接受法律的制裁，也能继续在公司工作下去。为了感谢总裁，他们把那笔钱以总裁的名义捐给了一所小学。

在总裁的干预下，这件泄密事件也停止了调查，公司也恢复了以前的景象。而张扬和李晨，现在更热爱公司了。

几年后，公司已经把那一家竞争公司挤出了芯片制造业，而张扬和李晨已经升职为公司的高层。

忠诚是什么呢？管理大师艾柯卡对此说过这样一句话："无论我为哪一家公司服务，忠诚都是我的一大准则。我有义务忠诚于我的企业和员工，到任何时候都是如此。"正因为这样，艾柯卡不仅以他的管理能力折服了其他人，也用自己的人格魅力征服了别人。

忠诚于公司

有一个叫张华的年轻人，他在一家公司上班。在那里他认识了一个叫李强的同事。李强看到老板非常重视张华，对张华的许多建议都给予采用，于是找到张华，请求张华在老板面前为他多说些好话，让老板重视他。

张华对于李强的过去并不是太了解，但他们认识之后，一直都是好朋友。他也想帮李强，于是找了一个机会在老板面前说了李强的事，希望老板也能重用李强。

可是老板的回答让张华很吃惊。原来李强以前也在一个公司工作过，后来却拿着这家公司的核心技术投入了现在的公司。老板担心自己如果重用了李强，当他掌握了公司的核心技术以后，有一天他会像出卖前一个公司一样，把自己公司也出卖了。

许多人在面对忠诚与背叛的双重选择时，往往会因为自己的短视，只看到背叛后可以立刻拥有的金钱，却没有想到背叛后的生活，还有忠诚后的未来是什么样子。殊不知，这是每一个面临这样选择的人都必须考虑到的。

当为了某种利益而背叛公司，虽然能暂时从第三者那里获取一笔不可告人的利益，但是，在事情交易结束后，这种人的品格甚至连第三者都会看不起他。

一个不够忠诚的人，一个出卖公司的人，是不可能得到任何一个老板重用的。有了背叛的第一次，肯定会有第二次，如果重用了这种人，那么，下一个受害者肯定会是自己，这是每一个老板都会考虑到的因素。因此，对于这种人，一般公司采取的都是将其拒之门外的方法。任何一个人一旦失去了忠诚，也就失去了人们对他最根本的信任。因此，当你获得了一定的利益时，千万不要为这些而沾沾自喜，因为你会为此而失去更多。

《致加西亚的信》告诉了我们如何做一名忠诚敬业的好员工：忠诚和敬业是相互融合在一起的。忠诚在于内心，敬业在于工作上尽职尽责、善始善终、一丝不苟、兢兢业业。忠诚是一种责任、一种操守，还是一种品格。将忠诚和敬业养成一种习惯的人，就能从工作中学到更多东西，积累更多经验，他们会受人尊重，即使没有取得什么了不起的成就，他们的精神也能感染他人，也能引起他人的重视和关注。

在任何时候，公司的资源都是有限的，即使是名列世界500强的公司，也不能保证应有尽有，而且在这样的企业里执行任务，也不是你所想象的那么容易。至于那些处于成长期的中小企业，就更不用说了。所以，不论你所从事的是什么职业，你都应该忠诚于自己的公司，因为忠诚于公司对你来说是有益而无害的。

受命于危难之际的李·艾柯卡对福特汽车公司进行了大刀阔斧的改革，终于使福特汽车公司走出了危机。可是董事长小福特却处处为难艾柯卡，总是想法设法要把他排挤出公司，这让艾柯卡进退两难。但艾柯卡本人却说：“只要我在这里一天，我就有义务忠诚于我的企业，我就应该为我的企业尽心竭力地工作。”尽管后来艾柯卡还是被排挤出了福特公司，但他仍觉得十分欣慰。

艾柯卡一直抱着这样的一种态度："无论我为哪一家公司服务，忠诚都是我的一大准则。我有义务忠诚于我的企业和员工，到任何时候都是如此。"也正是因为如此，艾柯卡不仅以他超强的管理能力折服了他人，也以自己的人格魅力征服了他人。

忠诚胜于能力

世界上有才华的人很多，但是为什么有相当一部分人却一直在成功大门之外徘徊呢？有才华固然很重要，但是老板所需要的好员工不仅要有才华，更要有忠诚。有时候，忠诚甚至比能力还重要，忠诚已经成为如今这个变化多端的时代里一项最重要的才能。

忠诚胜于能力。曾经有一项针对世界500强企业的调查，在被问到它们录用员工的最重要标准时，这些企业的人力资源主管的回答都一致是“忠诚”。

阿尔波特·哈伯德曾经说过：“一盎司忠诚等于一磅智慧。”只有智慧而没有忠诚的员工永远也不是好员工。老板所器重的员工往往是最忠诚的员工。那些有损公司形象和利益、泄露公司机密的员工永远都不会得到重用，也难以在事业上一帆风顺，取得成功。

鲁克毕业时年仅23岁，此时的他已经获得双博士学位，他写得一手好文章，口才也很棒，经常参加学校的演讲比赛，还主持学校里的大型文艺晚会。他可谓才华横溢，前途一片光明。

当时他是校领导最看重的学生，认为他肯定能找个好工作，以后做出一番大事业。可是毕业5年之后，他竟然赋闲在家，很长一段时间以来为找不到工作而发愁。

后来，人们才逐渐明白，原来全是因为他的名声太坏的缘故，他给所有工作过的企业都留下了不忠诚的印象，在业界成了一个不受欢迎的人。

刚毕业那年，他确实找到了一份不错的工作，在一家颇有实力的外企担任市场技术总监，当时很多同学都非常羡慕他找到了一份好工作。但是好景不长，半年之后，他就开始厌烦这份工作，并对自己目前的现状很是不满。于是他利用一次职务之便，将自己公司新开发出来的一套方案卖给了另外一家公司。这家公司给了他一笔数目不小的报酬，而后他就决绝地跳槽到另外一家公司担任策划总监。

时间不长，他又开始躁动起来，他发现有一家企业的待遇高出这里好几倍，顿时又萌动了跳槽的念头。于是他以自己掌握有一份重要的产品新配方为砝码，要这家公司聘用他。最后，这家公司以高薪聘用了他，但一个月之后，新东家就辞退了他，因为他们绝不允许一个不忠诚的员工留在公司当蛀虫，同时这家公司也把他列入永不聘用的“黑名单”之中，以后任何时候都不会再聘用这个人。

他当时很是不明白这家公司的做法，他骂他们忘恩负义，得到了东西就踢人，这个老板却说：“其实这话应该我送给你才对，它对你来说是最合适不过了。”是啊，当他冷静下来仔细思考自己曾经的就业经历时，他不禁感到心虚起来，他觉得自己实在做的有悖良心，那些公司待自己都不错，可面对更大的诱惑时就无法把持自己了。他悔恨交加，发誓以后再也不这样三心二意了，一定要好好工作，做个忠诚的员工。

就这样，他尽管非常生气，但也没有办法，只好重新寻找工作。好在他的坏名声还没有传多远，很快他又找到了一家新公司，凭着他的三寸不烂之舌，他说动了这家公司的老板聘他做副总经理，老板对他很是信任和欣赏。谁知道，这个“人才”在一年之后又旧病复发，他又开始琢磨起出卖公司的勾当来。不过这次他采取的手段与前几次大不相同了，他不再出卖公司的机密，而是直接将骨干核心人员带出了公司——他自己开了一家公司，将所有的业务和技术都带了过去。

但是他的公司正如他的工作一样，总是好景不长，不久，公司就因为经营不善而倒闭了。这样，他又得去打工，但是当他把简历寄出后，没有一家公司录取他，因为他的简历已经在人才中心有了备案，上面有他的不良记录。

因为他曾经是很多大型企业的高层主管，而且才华横溢，因此就相对易受到众人的关注，因此他的劣迹很快就在业界传播开来，成为人们所熟识的背叛者，被多家企业列入黑名单，从此再也无法进入大型企业。

在如今这个竞争激烈的时代，公司机密是最重要的财富，泄漏公司机密就是损失公司财富。

有才华而无忠诚的品行，就如有美丽的花朵却无旺盛的根一样，必定经不起时间的考验，最终空有才华而毫无用处。就像这位拥有双学位的博士生，虽然才华横溢，但是经不起外界的诱惑而丧失忠诚的品德，做违背公司利益的事，最终给别人造成了巨大的经济损失，也让自己名誉扫地、一事无成。

那些既有才能又忠诚于企业的员工势必成为老板最欣赏的对象，他们也必定能得到老板的重用。忠诚永远都是一个员工最优秀的品质，也是老板选择员工时最重要的参考标准。

索尼公司的人力资源经理曾说："如果想进入公司，就首先要拿出你的忠诚来。"索尼公司认为：一个人的才华和能力不是本公司录用人才的标准，他首先必须有忠诚的品德。一个人即使再有才能，但是如果不忠诚，也不能录用，因为这样的人很可能会给公司带来巨大的破坏，造成巨大的损失。

一个公司没有一个忠诚的团队，是一件最大的不幸之事。忠诚才能具有凝聚力，才能让公司发展壮大。因此，公司最需要的就是忠诚的员工，那些忠诚而又富有能力的员工是每一个公司都非常重视和欣赏的。

福特公司管理大师李·艾柯卡是个无比忠诚的人。他在福特汽车面临重重危难之际毅然接手管理，上任后大刀阔斧地实施改革，很快使得福特汽车走出困境。然而该公司董事长小福特是个心胸狭窄之人，他害怕艾柯卡抢了他的公司，于是极力排挤他。这时，艾柯卡处于一种两难的境地。但是艾柯卡终于坚持了下来，没有退缩，更没有抱怨，相反，他勇敢地表示："只要我在这里一天，我就要忠诚于我的企业，竭尽全力为我的企业去努力工作。"如此一来，所有的员工都被他的忠诚品德所感动，连小福特也深深自责起来，艾柯卡终于用自己的人格魅力征服了所有的人。

忠诚是一种发自内心的情感，是一种高尚的职业道德，是职场中应该被重视的美德。一个忠诚的人时刻以公司利益为重，面对利益的诱惑能够始终坚持原则不放弃。忠诚让工作变得更有意义，忠诚赋予你工作的激情。心中有忠诚之心的人能够感受到工作的乐趣和喜悦，因此也就能在工作中积极主动、全力以赴，而一个没有忠诚之心的人则从来感受不到工作的快乐，因而也就只能终日碌碌无为，终究毫无成就。忠诚是一种无声的宣言，它是一种为人处事的原则，体现了员工对工作的责任心和敬业、爱岗的工作态度。这样的员工无疑是老板最欢迎和最看重的。

用心做好每件事

有一本风靡整个欧洲市场的书——《邮差弗雷德》，写的是邮差弗雷德从平凡到卓越的成长过程。弗雷德只是美国邮政的一名普通邮差，相貌普通，并没有什么出奇之处，但他的真诚和热情却溢于言表，客户都能从他的言谈中感受到他对工作的热忱之心。其中作者描述了这样一件事：

当得知桑布恩是个演说家，经常出差在外时，弗雷德很真诚地说他可以替桑布恩代为保管他的信件，因为“窃贼经常会窥探住户的邮箱，如果发现是满的，就表明主人不在家，那你就可能要身受其害了”。。两周后，当桑布恩从外面出差回来时，竟意外地看到一个用擦鞋垫盖着的包裹，原来投递员送错了地方，弗雷德发现后就把它送回桑布恩住处，并且为了避人耳目，用擦鞋垫遮住了包裹。

弗雷德只是一个最平凡不过的邮差，但他却将自己的工作做到了几乎完美的地步，他将本身单调乏味的工作做得完美而富有创意，并且为客户提供超值的服务，使每一天都过得精彩而富有意义。

一个人能否将自己的本职工作做好，不在于他是否有多大的才华，而是看他是否用心去做自己的工作，如果用心去做就一定能做好。

用心将自己的本职工作做好，不管运用什么方法，总是为客户着想、为公司着想，尽量让客户享受到最优质的服务、让公司获得最大化的价值，这就是弗雷德的工作准则。它体现了一个员工对工作的责任、热情和负责的良好职业精神。

马丁·路德·金说过：“如果一个人是清洁工，那么他就应该像米开朗基罗绘画、像贝多芬谱曲、像莎士比亚写诗那样，以同样的心情打扫街道。他的工作如此出色，以至于天空和大地的居民都会对他注目赞美：瞧，这儿有一位伟大的清洁工，他的活儿干得真是无与伦比。”工作没有高低贵贱之分，只要用心去做，任何一个工作都有发展的前途。许多员工整天浑浑噩噩地工作，缺乏创造性、积极性，抱怨待遇不好、工作环境不好等等，却从不在自己身上找原因。如果你也能像邮差弗雷德那样用心地工作，在工作中加入自己的创意和热情，那么，你肯定能做出一番不错的成绩来。

有的人感觉工作枯燥乏味，体会不到激情，那是因为他们没有用心去做，没有认识到工作的更高意义和价值，只是一味地为工作而工作，把工作当成养家糊口的工具而已，没有深刻认识到工作其实不仅仅是生存的工具，也是体现一个人价值和意义的重要舞台。所以，只有用心去工作，才能将工作做好，才能在平淡无奇中挖掘出新意，才能创造出更高的价值。

用心去工作，你就会发现工作的无限乐趣和意义，就会产生许多好的创意和想法，就会有更高的工作效率，为公司创造更多的利润。

有两个年轻人——小张和小李。小张工作认真负责，很是用心，几乎不浪费公司一分钟，而且还积极加班加点。小李则敷衍了事，得过且过，漫不经心，工作中偷懒是常有的事，虽然他工作能力比小张还强，但是他总是不用心去做，因此工作中的失误接连不断，给客户、更给公司造成重大损失。后来老板再也无法忍受这种空有一腹才华却毫不用心的人，他毅然辞退了小李，留下了才能一般却工作认真、用心的小张。

才能是工作中非常重要的因素，也是老板很看重的一个方面，但是否用心去做事也是老板衡量一个人是否优秀的重要准则。职场中有很多员工，他们总是抱着“难得糊涂”的心态做事，凡事讲究过得去就行，而从来不去追求完美。其实，这是不用心的表现。一个用心工作的人总是能站在公司的立场去做事，他会尽心尽力将工作做到最好，他会想方设法为公司节省每一笔开支，力求用最小的投资换来最大的价值。

有个年轻人服务于一家大型建筑公司的总经理，这位总经理还是第一位被提拔上去的非家族成员，显然，这个总经理所承受的压力是非常巨大的。在这样的人身边做事，总是会让人感到压抑和紧张。这个年轻人虽然总是小心翼翼，却还是难免犯错。有一次，年轻人为董事会准备资料，他很熟练地整理了一下从各部门呈上来的报表，然后很快做出一份上交资料。但是当他把这个资料交给总经理，总经理用眼一扫之后，就说了一句话：“看来就是没有用心。”年轻人很不服气，他觉得自己做得已经很好了，虽然不敢说最好，但至少还是比较好的，他不明白为什么经理都没有好好看一下就下这样的评论。他很气愤地说：“经理，为了写这个材料，我已经好几天没有按时吃晚饭了。”总经理听了后说道：“是吗，但是你虽然花费了时间，却没有成效，只能说明你没有用心。”

工作不用心的人总是在敷衍问题，而不去从根本上解决问题，这样的员工自然难以将工作做好，也就难以得到老板的喜欢。用心去工作的员工才能得到老板的赏识，才能成为老板的得力干将。

永远诚信

诚信是一种可贵的精神力量，很多人仰慕这种精神，但是认为做到诚信很难，所以，当你知道诚信是一种优良的美德时，就应该将诚信贯穿在自己的所有行为中，增加自己的人格魅力。

诚信是一个人人格高低的标准。有诚信的人恪守高尚的道德标准，以最高尚的人格标准规范自己的言行。诚信不但是人格的基石，也是一个人立足社会的重要资产。诚信有助建立互信，达到完美的人际关系。

有这样一句话：做事先做人。要告诉大家的就是每一个人都应该树立自己的诚信原则，将自己的人格修养摆在第一位，这样才有利于维护自己的声望，使自己更值得信赖。

来看看这样一个例子：一家公司招聘新员工，他们的面试是这样进行的。

主考官会问面试者：

“能阅读吗？”

“能，先生。”

“你能读一下这一段吗？”主考官把一张报纸放在面试者的面前。

“可以，先生。”

“你能答应我一刻不停顿地朗读吗？”

“可以，先生。”

“那么你是向我允诺了？”

“是的。”

“很好，跟我来。”

主考官把面试者带到一间特殊的办公室，把报纸送到面试者手上，阅读刚一开始，主考官就放出六只可爱的狗，小狗在面试者的脚边又闹又叫。一般情况下，面试者会经受不住诱惑要看看美丽的小狗，由于视线离开阅读材料，他忘记了自己的角色，停顿了，当然他也就失去了这次机会。就这样，主考官打发了70多个面试者。但是，有个青年却根本没看那些可爱的小狗，而一口气读完了被要求朗读的报纸。这家公司的老板问他：“你在读报纸的时候没有注意到你脚边的小狗吗？“青年回答道：“不，先生，我注意到了。”

“那么，你为什么不看一看它们？”

“因为我已经向您允诺过我要不停顿地读完这一段。”

“你总是遵守诺言吗？”

“的确是，我总是努力地去做，先生。”

老板在办公室里走着，突然高兴地说道：“你就是我要的人。明早8点钟来上班。我相信你大有前途。”

信守诺言是一个员工在团队沟通与客户交往的过程中的一种品质，它对赢得人心、建立相互信任至关重要。我们应该谨慎许诺，甚至不轻易许诺，但一旦许诺，就要尽力信守诺言。一个人若想在社会上立足，首先就要以诚信为本，诚信的基础就是不弄虚作假。不弄虚作假而又十分睿智的员工最受老板的欢迎。如果你的上司确信你是一个诚实可靠的人，他们就会信任你，让你担负起重要的责任。如果你在和同事或顾客打交道的时候都诚实可靠，你将得到丰厚的回报。

1836年，林肯通过考试当上了律师。当上律师以后，由于他精通法律，口才很好，在当地很有声望。很多人都来找他帮忙打官司。但是他为当事人辩护有一个条件，就是当事人必须是正义的一方。许多穷人没有钱付给他劳务费，但是只要告诉林肯“我是正义的，请你帮我讨回公道”，林肯就会免费为他辩护。一次，一个很有钱的人请林肯为他辩护。林肯听了那个客户的陈述，发现那个人是在诬陷好人，于是就说：“很抱歉，我不能替您辩护，因为您的行为是非正义的。”那个人说：“林肯先生，我就是想请您帮我打这场不正义的官司，只要我胜诉，您要多少酬劳都可以。”林肯严肃地说：“只要使用一点点法庭辩护的技巧，您的案子就很容易胜诉，但是案子本身是不公平的。假如我接了您的案子，当我站在法官面前讲话的时候，我会对自己说：‘林肯，你在撒谎。’谎话只有在丢掉良心的时候，才能大声地说出口。我不能丢掉良心，也不可能讲出谎话。所以，请您另请高明，我没有能力为您效劳。”那个人听了，什么也没说，默默地离开了林肯的办公室。

正因为诚实正直，林肯才为自己赢得了良好的声誉，受到了美国人民的爱戴。当然，诚信有时会使你暂时失去一些东西，甚至会被那些所谓的聪明人叫做傻瓜，但是如果你能坚守这一品格，笑到最后的一定是你，而不是那些聪明人。

第七章
付出最激情的行动

工作上追求完美是一个人成功的必要前提，永远对自己的成绩不满足，永远追求最好，总是对自己说："我离完美还差很多。"如果你能永远这样要求自己，你就能一直保持高昂的工作热情，督促自己永远向着更高的目标奋进。

在改变中寻找转机

在人生的旅途中，我们总是难免遇到种种困难，逆境总会跟随在我们身边，使我们前进的路受到阻碍。这个时候，你千万不要悲观绝望，不要被困难所打倒。你所要做的就是迎着困难而上，找到解决困难的方法，尝试新的出路。学会改变自己，才能迎来新生，使事情出现转机。

在美国的一个旅游景点旁边，有一位老板租了一间凉亭卖冰淇淋，在他附近有一个男子租了一个摊位卖鸡蛋饼。景点整天游人如织，来他们这里买东西的人特别多，因此，他们的生意都非常好。

有一天，因为生意太好，卖鸡蛋饼的老板很早就将纸盘用完了，他跑到附近的商店，希望可以买到一些救急。但是，仅有的两个商店里竟然都卖完了这种纸盘。怎么办，他一时犯了愁。

此时，他旁边卖冰淇淋的老板对他说："不然，你就来我这里帮我卖冰淇淋吧！我给你打个八折，怎么样？"

卖鸡蛋饼的老板知道这是他有意嘲笑自己，但是不这样做，他又能怎样呢？如果去市区买这种纸盘，等到买回来，天也黑了，生意就做不成了。还不如先在这里卖冰淇淋，等回家的时候顺便买纸盘。

于是，他就接受了冰淇淋老板的建议，以八折的价格买了一些来卖，他想以出售冰淇淋的低利润来弥补一部分损失，但是那些剩下的鸡蛋饼原料该怎么办呢？如果不能马上利用，就会很快坏掉。他犯起了愁。这时，他的妻子在一旁说了一句话，使他想到了一个好办法。

他的妻子说："我们可以想办法把鸡蛋饼和冰淇淋结合起来。"

是啊，他觉得这是个好办法。但是该如何结合呢？一个是热的，一个是冰的，二者结合简直不是件容易的事。

后来，在他与妻子的商量中，终于想到了一个好办法。他做了100个鸡蛋饼，把它们用铁片压扁，并且卷成圆锥状。然后再晾一会，等到它们凉了之后，就把冰淇淋装进去。很快，这个别具一格的冰淇淋和鸡蛋饼的结合物便引来了众人的目光，在好奇心的驱使下，这些新物品便很快卖完了，而且还受到了客人的一致好评，他们都觉得这个新食品实在太好吃了。

这个卖鸡蛋饼的老板在遇到困难时，及时改变思维，想出一种更好的办法，发明了"冰淇淋甜筒"，这就是思考与改变的产物。

一条小河一直向往奔向大海，它经历了重重阻挠，千辛万苦，绕过高山与岩石，穿过森林和田野，一路奔腾，畅行无阻。最后，它来到了沙漠，小河想："前面那么多困难都克服了，这次也应该能成功吧!"可是，当它一踏上沙漠时，水马上渗到泥沙中，停滞不前了。小河叹息说："我最拿手的本事也不管用了，看来我这辈子注定平庸，永远也到不了大海了。"

微风过来安慰它说："我可以穿越沙漠，你也可以的，不过你要尝试着改变一下你自己……"

"改变自己，升华自己！"小河默默地念着，"可是我从来没有这样做过啊，我能做得到吗?如果不行，那我岂不是自我毁灭吗?"

"你这样想只是因为你从来就没有认识到自己还有巨大的潜能，没有认清你自己的本质。你可以的！"微风鼓励说。

小河鼓起勇气，对自己说："改变自己，升华自己！"于是，它投入了微风的怀抱，它蒸发了，化作轻盈的水汽。第二天，它又化作了雨滴，终于融入了浩渺的大海。

许多时候，我们必须调整自己前进的步伐，做适当的改变，才有可能达到预期的目的。《易经》有云："穷则变，变则通，通则久。"如果"明知山有虎，偏向虎山行"，一意孤行，明知不可为而为，即使劳累了半天，却一点效果也没有，只能白费力气而已。这个世界上没有那种"只注重过程，不注重结果"的人。既然没有什么结果，那还是变通为妙，不会变通者必然死路一条。

困难与机遇是并存的，很多机遇都隐藏在困难中，有位哲人说："'危机'是由两个字构成的，其中的'机'就是机会、机遇。它与'危'相并，说明危险中隐藏着机遇，机遇里隐藏着危险。"

你可以把一件事看成是百分之百的危险，也可以看成是百分之百的契机。其实，只要敢于改变，就能够像那个做鸡蛋饼的老板一样，在正常的办法行不通时，能够从另一个角度去想办法，可以打开另一个出口，正所谓"变则通，通则灵"。

19世纪50年代，松下电器与大阪制造厂合资，创建了大阪电气精品公司，专门开发制造电风扇。当时，松下电器公司的西田千秋被松下幸之助委任为总经理，松下幸之助自己任顾问。

西田刚一上任便遇到了难题。因为他不知道如何才能带领这家公司实现突破。这家公司的前身是专做电风扇的，而且后来还开发了民用排风扇。但是相比而言，产品还显得很单一。西田千秋准备开发新的产品，便试着探询松下的意见。松下对他说："只做风的生意就可以了。"松下的想法，是想让松下电器的附属公司尽可能专业化，以图突破。可是松下精工的电风扇制造已经做得相当卓越，颇有余力开发新的领域。尽管如此，西田得到的仍是松下否定的回答。

然而，西田并未因松下这样的回答而丧气。他的思维极其灵敏，他紧盯住松下问道：“只要是与风有关的，任何事情都可以做吗?”

松下并未细想此话的真正意思，但西田所问的与自己的指示很吻合，所以回答说：“当然可以了。”

四五年之后，松下又到这家工厂视察，看到厂里正在生产暖风机，便问西田：“这是电风扇吗?”

西田说：“不是。但它和风有关。电风扇是冷风，这个是暖风，你说过要我们做风的生意，这难道不是吗?”

后来，西田千秋一手操办的松下精工风的家族，已经是非常丰富了。除了电风扇、排气扇、暖风机、鼓风机之外，还有果园和茶圃用的防霜换气扇，培养香菇用的调温换气扇，家禽养殖业的棚舍换气调温系统……

“只做风的生意”，在遇到一些无法突破的难题时，勇敢地拐个弯儿，就为松下公司带来了无数的辉煌。

工作中会时常遇到难以解决的问题，这时，只要你能转变思维，勇敢地拐个弯，就能想到解决办法。这就是创新，创新才能制造精品，才能解决难题。而创新需要通过思考才能实现。青年人应该开动大脑思考自己的未来，才会有所突破。你的职业、人生才会多姿多彩，才会避免烦恼。

特别是在碰到“人生瓶颈”的时候，更应该利用创新打开出路。“人生瓶颈”是指一个人遇到的“关卡”——上不能上，下不能下；进不能进，退不能退。怎么办？惟有创新才是出路。

在成功的路上难免会有各种预想不到的困难，往往有很多事情在传统的思路下无法走下去。在面对这些困难时，如果只是一味束手无策，不能马上掉头开创新的出路，打开新的缺口，那就只能坐以待毙。追求成功的过程就是不断改变和创新、不断拓展人生方向的过程，许多人往往没有取得成功，大多是因为在事情遇到阻力时没有及时改变方向，寻找新的出路，而是一味坚持，往往也就一条道走到了黑。

你是否发现这样一个现象：每一个成功的企业，差不多在开始的时候都出现过困难，渡过了难关之后，前面就是康庄大道。小到个人也是如此，比如在事业的道路上，也许刚开始会遇到许多阻力，会找不准正确的方向。其实，只要敢于打破旧有的思维习惯，积极开拓创新，总能找到一条新的出路。也许一次创新，就是一次改变命运的时机。而如果你一味死撑下去，你可能很快就会陷入破产的困境之中。

力求完美

凡事做到完美的地步几乎是不可能的，但是如果尽全力去做的话，就有可能接近完美。

在第二次世界大战期间，有一个关于美国空军与降落伞制造商之间的真实故事。说的是，二者在降落伞的安全性问题上发生了严重分歧，军方认为降落伞的安全性能不够，99.9%的合格率意味着每1000个跳伞士兵中就会有一个因降落伞的质量问题而送命，军方要求是100%。但是厂家却固执地认为这是不可能实现的，他们认为，任何产品也不可能达到100%的合格，降落伞的质量已经算是完美了。

双方经过艰难的谈判，仍然无法达成共识，那么这样一来，厂家就要遭受损失。后来，军方提出另一个检查质量的方法，就是从厂商前一周交货的降落伞中随机挑出一个，让厂商那边的人装备上身后，亲自从飞机上跳下去。这时，厂家才意识到问题的严重性，他们立即同意尽全力提高质量，争取达到100%。结果，奇迹出现了：降落伞的质量真的达到了100%。

我们通常认为，能够达到99%的合格率已经不错了，但是在某些情况下，这相差的1%就有可能造成巨大的损失。就像这个故事中讲的那样，如果只是99%的合格率，就意味着在100个士兵中会有1个士兵死于降落伞事故。

所以，凡事追求完美永远没有错，无论什么工作，都要本着向完美迈进的目标去做，不能有凑合、差不多的念头产生，不能疏忽轻率，满足现状。

在工作中，很多人总是对老板提出的要求感到太过苛刻，认为许多事是无法达到的。因此，他们总是埋怨老板的苛刻，却从不去想自已如何去首先完美，如何努力做到完美。

完美往往是难以实现的，但是接近完美却是有希望实现的。而能够接近完美也是完美的一种表现。

在海尔有一个叫魏小娥的女职工，她是个追求完美的人。1997年，33岁的她被派往日本，学习掌握世界上最先进的整体卫生间生产技术。在此期间，她注意到，日本人在试模期废品率一般都在30%～60%，在设备调试正常后，废品率仅为2%。

这种水平在当时已经是很高了，可是魏小娥却觉得应该把合格率提高到100%。当她把这个想法告诉日本的技术人员时，他们立刻很惊讶地说："100%?没有一点缺陷，达到完美，这可能吗？你见过世界上有哪一样产品做到了100%的水平？"接下来他们讲了很多关于这个产品如何无法实现完美的局限。直到此时，魏小娥才发现，不是日本人能力不行，而是思想上的桎梏使他们停滞不前。

但是魏小娥却听不进任何人的建议，她的标准是100%，即"要么不干，要干就要争第一"。于是，在接下来的时间里，她拼命地利用每一分每一秒去钻研、去学习。三周后，她带着先进的技术知识和赶超日本人的信念回到了海尔。

回来后，她便让自己投入到了追求完美的事业之中，为了突破这2%的界限，为了达到完美的境地，魏小娥每天都在不停地思索，甚至下班回家后仍然在想怎样解决"毛边"的问题。有一天，女儿正在用卷笔刀削铅笔，铅笔的粉末一点点地落在一个小盒里，这时她的灵感迸发了。接着，一个专门收集毛边的“废料盒”诞生了，这样100%合格的产品便成为了现实。

后来，魏小娥已是卫浴分厂的厂长。日本模具专家宫川先生来回访他的“徒弟”，在一尘不染的生产现场，面对着操作熟练的员工和100%合格的产品，他震惊了，他无法理解为什么她可以做到这么高的水平。

宫川先生说：“有几个问题我始终没有办法解决，日本的卫浴产品现场十分脏乱，我们一直想做得更好一些，但真是难如登天。今天看到你们的生产现场，我就想你们是怎样做到现场清洁的?又是如何做到100%的合格率的？”

“只要追求完美就能达到100%。”魏小娥简单地回答。

美国的一位总统在德克萨斯州一所学校作演讲时，对学生们说：“人的一生中需要学习很多东西，但是学习如何追求完美，如何把一件事情做到最好，是你所应该掌握的最重要的一个生存技巧，它甚至比你本身的能力还要重要。任何时候，只要你能永远抱着这样的想法办事，那么，你就永远不会失业。”

工作上追求完美是一个人成功的必要前提，永远对自己的成绩不满足，永远追求最好，总是对自己说“我离完美还差很多”。如果你能永远这样要求自己，你就能一直保持高昂的工作热情，督促自己永远向着目标奋进。

有的人从事相同的工作，但成绩却相差万里，有的人是先进分子，工作成绩突出，而有的人却成绩平平。一样的工作，不一样的结果，有的人可以做得很好，有的人却一败涂地，于是他们的生活也将从此千差万别。原因何在？最关键的是我们是否有追求完美的信念。如果凡事向着完美奋斗，那么，就可以离成功更近一步。

细节决定成败

很多人都想做大事，他们认为那才是真正精彩的人生，而对于小事，他们总是认为不值一提。于是，他们都纷纷去做大事了。但事实往往是：成功的人里面最多的却是当初做小事的人！

小事虽小，可是如果能把小事做细，做到精致，也不是件容易的事。中国所缺少的不是雄韬伟略的战略家，却是精益求精的执行者。那些口口声声要做大事、着眼于大事的人往往连细节都处理不好，最后也败在了细节上。大事不是不要去做，但是在着眼于大事的时候，也应该注重细节，因为细节中蕴含着大问题。

有时候，那些看似不起眼的细节中蕴含着意想不到的机遇，而机遇只留给注重细节的人。在日本流传着一个“三碗茶”的故事，说的就是这个道理。

石田三成是日本历史上的名将，可是他在未成名之前只是观音寺里的一个打杂的下人。有一天，幕府将军丰臣秀吉从这里路过，因为口渴，他便到观音寺来求水喝，当时石田三成接待了他。

日本讲究茶道，于是，石田在沏茶时十分仔细，他非常用心地为将军准备了三碗茶，一份是大碗的温茶，一份是中碗稍热的茶，一份是小碗的热茶。

都是茶，而碗的大小、茶的温热却不同，就是这点区别表现出了石田的独特用心。

后来，将军终于忍不住问他为什么要这样做。石田解释道："第一碗茶是温的，用大碗来盛，是为将军解渴。第二碗茶是为了让将军品茗而准备的，因为在喝了一大碗茶之后，将军就不会太渴，此时茶的温度就要稍热，量也要小些。第三碗茶则纯粹是为了让将军品茗，所以要奉上更少量的茶。"

丰臣秀吉听了他的这番话，非常感动，他没有想到一个寺庙里的下人也能如此细心，做事如此认真，考虑如此周全。于是，他将石田安排在自己幕下，培养其成为一代名将。

喝茶本是件小事，可这小事里却蕴含了很多东西，通过这件小事，它让一名将军看出了一个人的品行，一个人的前途。"三碗茶"这种细节体现了一个人对待事情的认真程度，能将细节做好的人还有什么不能做好呢？

老子说："天下难事，必做于易；天下大事，必做于细。"意思是说，天下的难事大多是从易处做起的，天下的大事大多是从细节做起的。能将小事、细节做好的人，才能有足够的能力去做大事。

在工作中，很多人总是不关注细节，特别是年轻人，总是容易犯好高骛远的毛病，他们认为那些小事都是没有什么价值的事，于是不屑去做日常工作中的琐事，对工作的细微之处常常视而不见，满不在乎。结果常常是大事没做好，小事也忽略了，而且还使很多机会白白浪费掉。因为很多机会常常隐藏在细节中，将这些细节做好了，就会得到意想不到的赏识和提拔。很多从职场中走过来的人总是告诫那些初入职场的年轻人：工作中不要看不起任何小事，任何细节都是有其价值和意义的，就连办公室内端茶倒水、扫地擦桌子之类的事也不要简单地认为是件小事。正是这些小事，常常折射了一个人的工作态度和做事准则。

苏联人加加林是第一个进入太空的宇航员，当初他能被选中，完全是因为一个细节。长期以来，对于为什么会选中加加林的问题，苏联官方的回答一直是："因为加加林具备了以下无可争辩的品格：坚定的爱国精神、对飞行成功的坚定信念、优秀的体质、乐观主义精神、随机应变的智能、勤奋好学的态度。"但是这些都不是最直接的原因，其中有一件事情最重要却鲜为人知。

在当时被选中的几个人中，加加林是当年的三号人选，这样的情况基本上没有上天的希望。当时最有希望的就是一号邦达连科。但是，有一件小事使他丧失了机会：就在即将升空前的一天，在充满纯氧的船舱训练结束时，邦达连科随手将擦拭传感器的酒精棉扔到一块电极板上，这引起船舱发生大火，邦达连科被烧伤后不治身亡。

接下来，最有希望的人选只能是二号季托夫和三号加加林，他们两个人无论在飞行技能还是在道德品行上都不相上下，宇航局一时决定不下来。可是最后却选择了加加林，原因就在于一个细节：

当时著名的飞船总设计师科罗廖夫极力推荐加加林，他谈了一个理由。他说，在参加训练的20多个宇航员中，每次进入飞船训练时，只有加加林一人脱下鞋子，只穿袜子进入座舱。这是件极其微小的事，可就是这个小小的举止让这个飞船设计师万分感动，一下子赢得了科罗廖夫的好感。因为，他倾注了满腔心血设计飞船，对于那些像他一样珍爱飞船的人一定能首先打动他的心。他感到加加林是如此珍爱他所设计的飞船，这是对他本人的最好尊重，也体现了他是一个心中有神圣理念的人。经过一致商讨，最后，加加林被选中了。

很多时候，机遇不是只降临在那些能做大事的人身上的，很多将细节做好的人也同样能够出类拔萃。加加林之所以能够脱颖而出，并不完全在于他的技能有多突出，而是因为一个微不足道的细节，这个细节表现了他对待事情细致认真的态度和珍爱他人劳动成果的修养，这是一种难能可贵的品质，是做好任何事情的前提。

细节决定成败，一个不在乎细节、只注重大事的人，往往很难有大的成就。大事必须抓好，但是细节也应该好好对待，不能马虎。比如，一个粗心的编辑人员由于忽视了一个标点符号，很可能造成整句话的语义不通，在读者的心里留下不好的印象，这样就很有可能影响书籍的销量；又比如，一个大意的安装人员，由于装错了一个螺丝钉，就很可能造成重大的事故发生，不仅会给公司造成不良影响，还会给客户造成巨大损失。因此，不管做任何事，细节都不能忽视，只有注重细节的人才能打造精品，打造成功。

在西方有一种说法："上帝存在于细节之中。"因此，他们做任何事情都非常注重细节。而注重细节的管理行动，也让他们在实践层面对细节的认识得到了进一步的深化。

惠普创始人戴维·帕卡德就说："小事成就大事，细节成就完美。"

麦当劳创始人克洛克说："我强调细节的重要性。如果你想经营出色，就必须使每一项最基本的工作都尽善尽美。"

麦当劳前总裁弗雷德·特纳也说："我们的成功表明，我们竞争者的管理层对下层的介入未能坚持下去，就是因为他们缺乏对细节的深层关注。"

日本松下公司的创始人松下幸之助强调"不放过任何细节"，并说："无视细节的企业，它的发展必定在粗糙的砾石中停滞。"

在西方有“商业教皇”之称的布鲁诺·蒂茨提出：“一个企业家要有明确的经营理念和对细节无限的爱。”

建筑大师密斯·凡·德罗在回答其成就是如何产生的提问时，说：“魔鬼在细节。”

现在的企业里，真正缺少的不是拥有雄才伟略的战略家，而是精益求精的行动者。很多细节常常影响人们对其品德的判断。也许有些人认为，做大事不必拘小节，因此那些马马虎虎、大大咧咧的人往往被原谅，直到造成重大失误时才懂得细节的重要性。如果一个人很难突破细节，那他就难以成就完美，就很有可能败在一个细节上。“千里之堤溃于蚁穴”，不在乎细节的人永远也成不了大事。

以积极心态适应变化

也许很多人都曾经读过这样一本书——《谁动了我的奶酪》，讲的是四个小精灵在迷宫中寻找奶酪的故事。当面对奶酪突然不翼而飞的情况时，这四个小精灵有着完全不同的想法和行动，嗅嗅和匆匆面对变化，积极采取行动，迅速展开寻找新的奶酪的行动。相比之下，哼哼和唧唧就消极了很多，他们总是在不断地思索：为什么奶酪会突然消失？是谁拿走了它？没有了奶酪该怎么办？他们花费了大量的精力和时间来考虑这些无聊的问题，却迟迟没有任何行动。

这时，嗅嗅和匆匆都来劝告他俩要积极面对变化，抓紧时间去寻找新的奶酪。而他们两个不仅不听，反而更加消极，他们一直处于恐惧、悔恨和沮丧之中，无法自拔。

在面临变化时，多数人总是消极地让自己处于被动局面，总是消极地思考过去的事，他们把精力都用在了毫无意义的忏悔、叹息、忧愁上，用在了沉湎旧事上。在这个过程中，他们浪费了自己宝贵的时间，却没有丝毫的收获。

后来，小精灵唧唧学会了自嘲，他终于摆脱了心中因为变化所带来的恐惧，他做好了出发寻找新奶酪的准备。这时，他向哼哼说：“有时候，事情发生了变化，就再也无法回到从前的样子了，这就是生活，真实的生活。生活无时无刻不在变化，我们无力阻挡它的变化，只能尽力让自己去适应这种变化，而不是在原地踟蹰不前。”

接着，唧唧开始了真正的改变，他开始向老鼠学习它们的长处，开始丢弃恐惧，勇往直前。这中间，他遇到了很多困难，刚开始连一小块“奶酪”屑都找不到，但是他凭着对未来美好生活的憧憬，鼓励自己走出了困境，终于发现了一大块“奶酪”。

这个故事说明的是：只要抱着积极的心态去适应变化，而不是一味地抱怨现状，就能走出困境，走向成功。

美国著名家具商尼·科尔斯早年的时候曾经历种种失败，最要命的一次是他家中失火，把家里的一切都烧光了，只留下一些粗壮的松木没有被完全烧毁，只将外面的皮烧焦了，而内芯还保留着。遭遇横祸，一般人往往无法接受这种变故。但是尼·科尔斯却在这些残存的松木中发现了商机：那焦木的纹理和特殊的质感让他不禁产生灵感。他想如果能够制造出以突出木纹为特点的仿古家具，那么他将一举成功。

于是，他很快从忧伤中走出，琢磨如何将自己的点子变成金钱。他用碎玻璃片刮去废木上的尘灰，然后用细砂纸打磨光滑，最后再涂上一层油漆，这时，废木便显出了一种古朴、典雅的韵味……他的家具一上市，立刻引来很多人的关注，就这样，他制造的仿古家具很快独领潮流，成为当时的热点。他也因此大大赚了一笔。

在遭遇突如其来的变故时，尼·科尔斯没有沮丧、绝望，而是勇敢地适应这种变故，让自己去迎接这种变故。人生路上难免会有各种坎坷，难免遭遇挫折。遇到挫折并不可怕，可怕的是你没有勇气面对它，只知道抱怨而不知道改变。

在工作中，也同样如此，一个身在职场的人不可能事事顺利，你有可能今天还春风得意，明天就坐了冷板凳。积极的人面对变故时总是会抱着积极的心态勇敢面对，他们不沮丧，不绝望，而是勇敢地寻找突破的办法，从而走出困境；而消极的人则困在痛苦中无法自拔，以致失去重新再来的勇气，自然也就与成功无缘了。

约翰年轻的时候，一无所有，当时他只是一家织制厂的小职员，收入微薄，每个月仅够日常生活开支，生活非常简朴。

有一年，国家出现经济萧条，很多工厂和商店都纷纷倒闭，于是很多货物被迫贱价出售，价格低到1美元可以买到100副手套。

当时，约翰感到这是个不错的时机，于是把自己这些年积攒的钱全部拿出来，收购了大量货物，然后库存起来，准备等这个时期过了大赚一笔。当时人们都笑他愚蠢。

但是约翰对人们的嘲笑置之不理，他认为他们的看法是错误的，总有一天，他会证明给他们看，他的做法没有错。

当时他的妻子也劝他不要收购，因为他们这些年积攒的钱还要供养孩子上学，如果到最后血本无归，那么后果将不堪设想。

约翰在听到妻子的劝告时，总是笑呵呵地说："不要担心，我保证不会亏本的，而且还会大赚一笔呢！"

可是，半个月过去了，厂商的很多货物即使贱价抛售也找不到买主，出于无奈，他们就把所有的货物都烧掉了，以此来稳定物价。

他的妻子看到别人都在焚烧货物，不禁又开始担心起来，就抱怨起约翰来。而约翰总是信心十足地劝慰妻子不会有事的。

不久，政府终于采取措施稳定了市场的物价。此时，由于在之前的过程中，厂商焚烧的货物过多，物价开始飞涨。这时，约翰的机会来了，他马上把库存的货物进行抛售，不久就赚了很多钱。

面对变化，是积极地去适应，还是消极地固步自封？诚然，放弃原有的东西去接纳新的东西，这意味着冒险和失败，但是固步自封只能令自己丧失接近成功的机会，从而失去成功的可能。

80多年前的一天，一场大火烧光了爱迪生的实验室，而爱迪生却站在废墟上说：“现在我可以重新开始了！”重新开始，多么雄壮的决心，世上有多少人有这样的胆量呢？！

遇事能够积极思维的人往往可以在痛苦的人生中寻找到一丝慰藉，哪怕再难的路也能面带微笑走过。而消极思维的人则处处跟自己过不去，往往非要把事情往坏处想，结果弄得自己身心疲惫。

人的一生都在不断地冒险，生活中的许多事都意味着冒险：求学、结婚、工作，几乎每一件事都有着许多无法预知的危险因素在其中，如果只求万无一失，那么人就无法生活。其实，很多人都有冒险的品质，敢于冒险的人能够在变化面前做出勇敢的改变，从而让自己适应这种变化，这样才能打破旧有的思维习惯，开拓新的领域。

其实，很多时候，我们会遭遇种种意想不到的事，如果一个人在面对变化时，不敢让自己做出改变，那他就永远无法适应这个千变万化的社会，当然也就不能成功地走在时代的前端。

打破惯性思维

前苏联心理学家包达列夫做过这样一个实验：将一个人的照片分别给两组人看。这张照片上的人眼睛深凹，下巴外翘。接着，他向两组人分别介绍情况，对第一组说："这个人是个罪犯。"对第二组说："这个人是位著名学者。"然后，让这两组人分别对此人的照片特征进行评价。甲组的观点是：这个人眼睛深凹，表明他本性凶残、狠毒、狡猾，下巴外翘反映其顽固不化；乙组的观点是：此人眼睛深凹，表明他思想深邃，下巴外翘表明他具有探索真理的精神。

照片是同样的，但是为什么两组人所做出的评价竟如此悬殊呢?原因就是人们对社会各类人有着一定的定型认知，按照惯性思维去评价各类不同的人。当知道他是个罪犯时，就自然把他的面部特征归类为凶狠、狡猾和顽固不化；而当知道他是个学者时，就把他的面部特征归为思想的深邃性和意志的坚韧性。这种认识的差异实际就是刻板效应。

刻板效应是人们在长期的认知过程中所形成的对事物的固定印象，也就是固定思维。比如，有些人认为年轻人是思想开放的，老年人是保守的；南方人的性格是谨慎的，北方人的性格是粗犷的。这种刻板印象常常导致人们对某些事物产生一种偏见。例如，《三国演义》中庞统去拜见孙权，"权见其人浓眉掀鼻，黑面短髯，形容古怪，心中不喜"；庞统又见刘备，"玄德见统貌陋，心中不悦"。

孙权和刘备都从庞统的相貌来断定其没有什么才干，因而产生不悦情绪，这就是刻板效应的负面影响所导致的结果。

旧有的经验习惯会对人的思维活动产生刻板效应，这种刻板效应就是人们的固定思维。固定思维使人的思维依赖于过去的经验，从而产生一种惰性，失去对事物的正确判断。抗日战争时期，游击队对付鬼子的一个绝妙方法就是埋地雷。埋地雷需要绝招。埋雷高手往往会在埋好雷的地面上撒一些尘土，再踩上两三个脚印。这里的脚印具有十分重要的作用。有脚印就说明有人从这里走过，说明这个地方是安全的。可是往往最安全的地方也是最危险的地方，当他们放心大胆地踩上去时，却不知道下面有“陷阱”在等着他们。

固定思维让人们丧失开拓做事的更好思考方式，而使旧有的坏习惯阻挡了前进的路。心理实验证明，一个人一旦形成思维定势，进入思维死角，智力就会在正常水平之下，就难以开拓新的思路。当我们面临新问题时，建立在以往经验和知识基础之上的思维定势，往往会产生消极影响，成为我们思维行为的障碍。

但是，思维定势并不是不可跨越的巨大障碍，只要敢于改变，善于改变，就有可能收到意想不到的效果。所以，我们要充分认识到思维世界里存在的这个死角，逐渐超越旧有的思维模式，才能走出思维惯性，进行创造性思维。

从前，有一艘远洋海轮航行在汪洋大海上，突然它触礁沉没了，最后只剩下10个船员，他们奋力拼搏终于登上一座孤岛，才得以幸存下来。

但是，这个孤岛真是太“孤”了，岛上除了石头还是石头，连一只鸟都没有，更别说其他动物和人类了。没有食物，没有住所，他们就这样在这个孤岛上等待着死亡的来临。更可怕的是，这里没有可以饮用的淡水。只有四周一片茫茫的大海，海水很多，可是它又咸又涩，根本不能直接去喝，喝了也不能解渴。现在他们惟一的希望就是老天能下点雨水，或者有过往的船只路过这里时发现他们。

可是他们等了好久，还是没有任何要下雨的迹象。海上除了海水，没有看到任何船只，只有他们自己的船孤独地飘在海面上。

没有任何可以饮用的水，他们开始感到无法承受。后来，悲剧还是发生了，相继有几个船员被渴死。此时只剩下3个人了。他们都感到死神正一点点地靠近，出于对生的渴望，他们顾不得那么多，扑进海里“咕嘟咕嘟”喝起来。他们想，反正无论如何都是死，还不如痛痛快快地解下渴才去死。

接下来他们就躺在岛上等待死神的降临。但是第二天，当太阳升起的时候，他们竟奇迹般地醒了过来。此时，他们都不敢相信自己的眼睛，他们想也许是上帝赐给了他们淡水。于是，他们捧起海水仔细地品尝起来，发现海水根本就没有那种苦涩的味道，而是非常甘甜，非常解渴。

找到了可以喝的水，他们都充满了求生的力量。于是，他们每天靠这些海水度日，终于在第5天等来了路过的船只。

后来，他们请专家来解释这里的海水为什么可以喝，专家化验后发现这里的海水之所以可以喝，是因为在海底有一个泉眼，泉水不断翻涌，所以他们喝到的就是可口的泉水了。

如果按照惯性的思维，固守着旧有的思维习惯，那么当面临死亡时，如果这些船员不能打破固定思维，寻求新的出路，那么他们只能让自己走向死亡。

在生活中，我们做事总是喜欢依靠经验和习惯，习以为常、耳熟能详的事物充斥着我们的生活，使我们渐渐失去了挖掘新方法的思维。当经验成了我们判断事物的惟一标准之后，我们就会变得越来越循规蹈矩，变得日渐丧失创造力。如此一来，我们就形成了思维定势，这是成功的最大障碍。

1985年，拥有960家分公司的伊夫·洛列颇有感触地说："我能有今天，有一个很重要的秘诀，就是创新，时刻地创新。如果你总是遵照你的思维定势去做事，那么我敢肯定终有一天你会败得很惨。"

因此，做任何事，我们都不要被思维定势所限制，都要勇敢地打破旧有思维，敢于打开新的思路，冲破偏狭，走向成功。

创新是取胜的武器

志英在三星手机公司工作已经有5年了，她主要负责产品研发。

最近，她受日本通用公司创新理念的影响，开始琢磨如何将创新运用到自己的工作中，使自己的工作有所突破，也使公司的产品发展有一个全新的面貌。

可是当她把这个想法告诉给同事们的时候，他们都笑她太过天真。他们说志英太不知足，现在的产品研发部在整个公司是拿薪水最多的一个部门，只要按时完成公司下达的研发任务就行了。

但是志英却想不开。她找到研发处主任说明自己的想法，她说：“我来这个公司工作不是完全为了薪水，我想作为一个员工应该具有更大的工作目标。不能完全满足于过去的成绩，认为只要完成上面派给的任务就满足了。现在市场竞争日益激烈，如果不能创新，总是停留在原先的老路上，不能主动开创新的产品，那么，我们将逐渐失去竞争的资本而落后于别人。”

研发处主任听了她的话很是感动，他说：“我平时总是听到员工说‘现在三星手机已经是世界著名品牌了，不管是技术性能还是外观形象，都早已深受欢迎，创新是完全没有必要的。’可是，我们的产品还能再有更大的突破吗？我们还能创出更好的产品吗？这些问题却很少有人去想。因此，当你说出你的想法后，我觉得如果所有的员工都能像你这样为公司着想，那么我们一定可以取得更大的成绩。”

有了研发处主任的支持，志英就有了更大的信心。从此，她开始向着这个目标奋进，在平时的工作中注意如何研发出更好、更受欢迎的新产品。

一天，在乘坐公交车时，她看到很多年轻人几乎都拿着手机、相机和耳机。她突然有了一个新鲜的想法：能否把这三种东西组合到一起呢，在手机上也可以听音乐、照相?

带着这个想法她开始了大胆的想象，她发现这是个完全有可能实现的想法。

接下来她将这个想法告诉了公司，公司研究之后一致同意由志英着手研制这款新型手机。

不久这款新型手机研制成功，它集通讯、收听音乐、摄影于一体，一经上市便获得了大众的喜爱，公司效益是过去的好几倍，也使得三星手机很快成为手机行业的领头羊。如今，这样的新款手机已经成为时下最流行的款式。

三星公司为了表示对志英的感谢，给了她一笔丰厚的奖金，更重要的是，她从此晋升到公司的领导阶层，事业获得了前所未有的发展。

在职场竞争空前激烈的今天，想要在自己事业的道路上有一个较大的突破，就要学会不断创新。俗话说“出奇制胜”，创新就是取胜职场的最好武器。

只有创新才能让自己走在别人的前列，因为创新为我们提供更加新奇、高效的工作方法，让我们更加胜任自己的工作，取得优异的成绩。创新是高效的前提，没有创新，高效的工作就不再可能。那些职场中的优秀员工必定是做事高效的员工，因为只有高效才能让员工业

绩突出，得到老板的赏识。而如果想要高效率做事，就要具备一定的创新能力，并且坚持不断地创新，才能一直保持领先的成绩，不断超越别人。

爱因斯坦曾说：“把一个旧的问题从新的角度来看需要有创意的想象力，这成就了科学上真正的进步。”

世界需要创新，各行各业都需要创新。创新是成功的源泉和牵引力，创新就是将过去旧的东西淘汰掉，然后去挖掘一种独特的新方法。没有创新，世界就不会进步；没有创新，世界可能还停留在荒芜野蛮的原始时代；没有创新，人类的文明还是一片空白。创新是任何事物进步的源泉，惟有创新才能让事物不断得到发展、壮大。同理，一个企业的发展也有赖于全体员工的创新精神。

如今，市场经济飞速发展，产品换代升级的周期愈来愈短，因此，企业把员工的创新能力提到了一个重要的位置。在录用员工时，企业总是将其是否具有创新精神作为录用的标准。IBM总经理沃森曾说：“那些做事不喜欢循规蹈矩，而总是想方设法创造新思路的员工永远是我们最需要的人才。对于这样的人才，我们总是会加倍重用。事实也证明了这类人对公司的重要性，他们总是能够出奇制胜，给公司创造更高的价值。”

企业需要有创新，从而增强企业的竞争力。职场中的人也需要创新精神作为自己发展的重要筹码，从而驰骋职场。

汤姆在一家洗衣店工作。这虽然是个体力活儿，但他对工作特别认真，总是想如何能将工作做到最好。为此，他不断尝试在工作中运用创新精神，思考如何才能增加人们洗衣的次数，如何让衣服更加干净，如何把衣服叠得更加整齐。

他注意到很多洗衣店都要在烫好的衬衣领子上加上一张硬纸板，以防止其变形。于是，汤姆便想："我能不能把这张三角纸板改进一下，从而使其更具价值呢？"

从此在工作中他时刻留心如何才能改进三角板，有一天，当他看到电视上小孩子们在玩拼图游戏时，他突然有了灵感。他想：如果在纸卡的正面印上彩色的广告，背面印上一些别的东西：如孩子们的拼图游戏、明星照片、一些新公司的宣传广告等等，那么这样一来，这张硬纸板就有趣得多了。

接下来，汤姆就把他的想法告诉了老板，老板很高兴他能有一个这样的好想法，就高兴地接受了他的建议，并立即着手采取行动。

有些年轻人为了得到明星的漂亮照片，竟然把原本可以再穿的衬衣也送来烫洗。如此一来，洗衣店的生意空前兴隆，不仅赚到了一笔不小的广告费，而且也为洗衣店带来了巨大的经济效益。为此，老板大大奖励了汤姆，并且用新赚取的资金开了一家分店，让汤姆来任经理。

无论什么工作，都要有创新的精神，你在创新的过程中不仅学到了更多的东西，而且也使自己的业绩得到了提高，更重要的是让公司的效益获得了提升，那么你的价值也将随之升高。

曾经有一家大型国际企业的经理说："我们每个人都有可能成为创新的人，关键是看我们有没有创新的勇气和能力，能否掌握创新的思维方法和运用创新的基本技巧。"很多人总是以为创新是一件很难的事，这种能力不是一朝一夕就能培养起来的，实际上只要你对自己的工作有十足的兴趣，有充分的责任心，那么想要创新也不是件不可能的事。很多人之所以固守一种工作思路、工作方法，关键就是在于他们总是害怕改变，没有勇气展开大胆的想象，这样就不可能进行创新。创新需要打破旧的思路、旧的做事方法。如果不能积极地寻找新的出路，一直不断地重复先前的路子，那么就只能一直平庸下去，没有丝毫的改变和进步。

创新需要冒险，需要付出你的热情和勇气，如果你具有想象力，那么相信你的工作会有一个较大的突破。因此，从现在开始在你的工作中开始学会创新吧，不要总是固守一种做事的方法，打开你思维的大门，让更多的创意如星星般点缀在你的工作生涯中。

曾经有一位社会学家这样指出：“如果一个人缺少了创新意识，那么他的生活水平永远也得不到改变；如果有个组织缺少了创新意识，那么这个组织永远也得不到发展；如果一个社会缺少了创新意识，那么这个社会永远也得不到进步。”没有创新，一切都将停滞不前，都将枯竭。陈旧的生活和工作方式永远也无法取得进步，得到发展。

创新永远是一个企业发展壮大的关键，这就取决于企业内部的每一个员工是否具有创新的意识。如果不能创新，总是固守一种做事的方法，因循守旧、墨守成规，那么这个企业永远也无法得到长远的发展，更不要说走在市场的前列。创新不是对旧事物的全盘否定，而是在旧事物的基础上有新的突破。创新是打破常规，寻求更好、更新的出路，创新是前进，是一种进步，而不是落后和倒退。

因此，我们要鼓励创新，更要勇于创新。大胆突破传统的方法，在遇到难题时，放开束缚前进的旧有理念，这样才能使事情得到顺利解决。

力求完美从小事做起

德国著名的连锁超市DM是一家颇有实力的大公司，它已有1360家连锁店，2万多名员工，年销售额高达20多亿欧元。然而，这么大的一个集团企业，它的领导者却不像大多数老板一样，只坐在办公室研究市场发展状况，制定经营决策。DM的创始人格茨·维尔纳经常到一些公司的连锁分店走走。有一次，他走进一家分店，看完一圈后，他向跟随在他身后的店长说："请给我一把扫帚。"店长不清楚他要做什么，便很困惑地看看他。维尔纳指指地板上的灯光说："你看，灯光的亮点聚在地上，什么用都没有。"随后，维尔纳用扫帚柄拨了一下天花板上的灯，让灯光照在了货架上。

沃尔玛超市的一位店员给顾客包装完商品后，随手把多余的半张包装纸和长出来的一小截包装绳丢掉了。这时，恰好经过的总裁山姆·沃尔顿微笑着对店员说："小伙子，我们卖的货是不赚钱的，我们只是赚这一点节约下来的纸张和绳子的钱。"

小事情是大事情里面的一部分，它作为一种反映事物内在联系和本质的微小事物和情节，本身即具有一种预测的功能，通过一些具体的小事和细节，可以反映整个组织系统的运行情况。因此，要想成就大事情，就必须重视小事情。重视每一个细节，追求卓越，这才是一种成功者的品质。

优秀的员工队伍是企业从优秀到卓越的根本保证。优秀员工并不是天生就优秀的，企业的优秀员工来源有两个：一是靠企业的魅力吸引而来，二是靠企业自己培养。更多的优秀员工是企业自己培养出来的，这是企业文化向员工灌输的结果。优秀的企业文化是公司员工一致认同的价值观。企业员工愿意做到精益求精，愿意为公司实现卓越而贡献自己的才智和能力。优秀员工才能最大限度地发挥，使得企业最终向卓越的飞跃成为可能。

追求卓越永远是一个优秀员工所具备的品质，没有追求卓越的精神，一个员工想要走在其他人的前列简直是不可能的。

追求卓越就要在乎细节，在乎小事。老子曾说：“天下难事，必做于易；天下大事，必做于细。”他精辟地指出了要想成就一番事业，必须从简单的事情做起，从细微之处入手。一心渴望伟大、追求伟大，伟大却无踪无影，甘于平淡、认真做好每一个细节和小事，伟大却不期而至。这就是细节与小事的魔力。

有一个故事相信给我们很多启迪：

有一位年轻人，在一家石油公司里谋到一份工作，任务是检查石油罐盖焊接好没有。这是公司里最简单枯燥的工作，凡是有出息的人都不愿意干这件事。这位年轻人也觉得，天天看一个个铁盖太没有意思了。他找到主管，要求调换工作。可是主管说：“不行，别的工作你干不好。”

年轻人只好回到焊接机旁，继续检查那些油罐盖上的焊接圈。既然好工作轮不到自己，那就先把这份枯燥无味的工作做好吧！

从此，年轻人静下心来，仔细观察焊接的全过程。他发现，焊接好一个石油罐盖，共用39滴焊接剂。

为什么一定要用39滴呢？少用一滴行不行？在这位年轻人以前，

已经有许多人干过这份工作，从来没有人想过这个问题。这个年轻人不但想了，而且认真测算试验。结果发现，焊接好一个石油罐盖，只需38滴焊接剂就足够了。年轻人在最没有机会施展才华的工作上，找到了用武之地。他非常兴奋，立刻为节省一滴焊接剂而开始努力工作。

原有的自动焊接机，是为每罐消耗39滴焊接剂专门设计的，用旧的焊接机，无法实现每罐减少一滴焊接剂的目标。年轻人决定另起炉灶，研制新的焊接机。经过无数次尝试，他终于研制成功了“38滴型”焊接机。

使用这种新型焊接机，每焊接一个罐盖可节省一滴焊接剂。积少成多，一年下来，这位年轻人竟为公司节省开支5万美元。

一个每年能创造5万美元价值的人，谁还敢小瞧他呢?由此年轻人迈出了成功的第一步。

许多年后，他成了掌管全美制油业95%实权的世界石油大王——洛克菲勒。

洛克菲勒成功的秘诀是什么？就是心中有追求卓越的精神，这种精神使他不断地要求自己向更好靠近，而且，这种精神就体现在他对细节和小事的重视上，将小事做好也是追求卓越的重要表现。

荀子说“骐骥一跃，不能十步，驽马十驾，功在不舍”，成功不能靠一步登天，而是靠一步一个脚印走出来的，是经过长年累月的行动而成的。

你曾经抱怨过工作的琐碎吗？或认为自己做的是小事而敷衍了事吗？摒弃那种于己于人都不利的工作态度吧，不论你现在从事哪一项工作，从这一刻起，为了企业的荣誉，为了自己的未来，做好你工作中的每一个细节、每一件小事，担负起你应尽的责任吧。

一个平时工作懒懒散散的年轻职员，在转正前一个月问老板："如果我兢兢业业工作一个月，你能给我转正吗？"老板答道："你的问题让我想到一个冷房间的温度计，你用热手焐着它，能使温度上升，但房间一点也不温暖。"

今天的成就是因为昨天奋斗的点滴积累，明天的成功则有赖于今天的努力。

其实，真正成功的获取是一个过程，你要将勤奋和努力融入每天的生活中，融入每天的工作中，要建立一个良好的工作习惯，那就是每天都坚持不懈地努力。一个成功的推销员用一句话概括他的经验："每天坚持比别人多拜访5个客户而已。"

比利时有一个演员辛齐格，他在一出著名的基督受难舞台剧中扮演了很多年耶稣，他的演技已经达到了炉火纯青的地步，很多时候在台下观看的观众都觉得自己不是在看一个戏剧，而是在看真正的耶稣。

辛齐格精彩的演技得到了人们的称赞，经常有很多人慕名而来见这名真正的耶稣。一次，戏剧结束后，辛齐格正在后台卸妆，突然过来一对夫妇，他们说自己远道而来，希望可以跟他合影留念。辛齐格当即同意了。合影之后，丈夫突然看见一个巨大的木头十字架，这正是辛齐格在舞台上表演时所使用的道具。

丈夫觉得新奇，于是要妻子给他照一张他背着十字架的相片。但是当他走过去却发现这个十字架并非他所想象的只是一个道具，它沉重无比，他费了很大劲也没能将它搬动，更别说背到肩上去。

他使尽全身的力气，累得气喘吁吁也没能将这个十字架背起来。

最后，他不得不放弃了。他仔细看了看这个十字架，发现它是用真正的橡木做成的，难怪它那么沉。

丈夫显然很不理解一个道具为什么要用真橡木来做，他迫不及待地问辛齐格："为什么您每天要背着这么沉重的东西演出呢？道具只要用一个假的不就行了吗？"

辛齐格说："如果用一个假的代替，我就不能感觉到十字架的重量，而耶稣当初受苦的感觉我也无法感知。我要自己的形象是一个真正的耶稣，这样才能达到最好的效果。"

一个已经有很高造诣的人依然不放弃追求更高的目标，依然要求自己的技艺更上一层楼，这种精神不仅是一种对职业本身精益求精的态度，更是一种对生命意义的至高追求。

企业要生存，关键在于以质取胜，而质量的关键就在于细节之处。现在，市场的品牌效应并努力实施品牌战略成为企业追求的目标。从产品品牌到企业品牌都有一个逐步提升的过程，从知名度、美誉度到忠诚度。这个过程相当艰难，而且越到后来越艰难。无论是市场知名度、消费者的美誉度，还是顾客忠诚度，都需要员工的忠诚敬业和精益求精。瑞士的钟表几乎都是名牌，之所以这样，是几个世纪以来瑞士的钟表匠对精确的迷恋，他们甚至已经不是在制造钟表，而是在造完美的艺术品。

当一位经销商向戴姆勒公司抱怨他们的梅塞德斯—奔驰汽车太贵的时候，本茨先生回答说："我们要制造的，本来就不是廉价的汽车，而是世界上质量最好的汽车。"商人很快就领会了这句话的含义，此后，每当为梅塞德斯—奔驰汽车做宣传时，他们总是要强调：奔驰，质量的保证。

之所以能够做到这样，是由于这是公司的员工共同认可的价值观：只做质量最好的。员工既然认同了这样的价值观，就会把它变成自觉的行动，事事处处都能够从最严格的质量标准出发，做到精益求精，用自己出色的工作质量，换取产品的质量，赢得公司的信誉——从优秀到卓越。

曾几何时，温州货还是假冒伪劣的代名词。但是，如今的温州生产厂商在产品质量方面开始注重品质和品牌信誉。周大虎的大虎牌打火机，远销世界各国，特别是欧美国家，以它们近乎苛刻的质量标准检验大虎牌打火机，但这些产品仍然获得全部通过。1993年的时候，周大虎在老职工都离开公司的时候，准备招聘一批新员工，从头开始培训，先从员工的思想素质开始训练，把做优秀员工作为员工奋斗的收益目标。而优秀员工的基本条件就是要保证产品的品质是一流的、无可替代的。这些员工的勤奋和执着为大虎牌打火机带来了市场信誉，世界各地的商人纷纷订货。正是有了员工的优异表现，企业才能够不断从优秀走向卓越。

生意场上无小事，职场中也同样如此。做老板的职位大，做员工的职位小。但是没有员工跟随的老板，即使再大，也无法做出一番事业来。一个卖产品的工作和一个生产产品的工作，哪一个更重要呢？产品生产出来若卖不出去，那么企业就无法盈利；相反，产品做不出来更无法实现盈利。因此，每一个环节都是必不可少的，都是不能被轻视的，工作中少了哪一个环节都无法实现公司的正常运转。

工作中，每个人所做的工作，都是由一件件小事构成的，但正是由于这些小事，才铸就了一件件大事。工作中，没有任何一件事情，小到可以被忽视；没有任何一个环节，小到可以被抛弃。不管我们做什么事，都不能因其小而敷衍应付或轻视懈怠。

绝大多数年轻人初入职场时，总是被安排做最微小的事。他们认为这些事情很低级，简直连小孩子都会做。他们抱怨老板如何不重视自己，感叹自己如何怀才不遇。在他们的眼里，似乎那些整天做大事的人才是公司里最重要的人。因此，他认为自己不被重视，认为自己的职位卑微，也就从此不好好工作，对工作敷衍了事，丧失了工作的激情。时间一长，由于工作成绩不好，他们当然就面临着失业的危险。

而那些最后成功的人呢，他们从不把工作当成小事，他们知道这是一个最好的锻炼机会，在这个职位上，他可以学到很多东西。因此，他们全身心地让自己将这件小事做好、做精，当他们真正做到了更高的地步，自然他们的职位和薪水也会随之提高。

打火机很小，可是日本的新田富夫就从中做出了大事业。

20世纪70年代初，从一所电气专科学校毕业后，新田富夫进入一家打火机厂工作。他平时很善于观察，肯动脑筋，特别是对一些细小的东西很感兴趣。

当时，一次性打火机还没有出现在日本的市场上，新田富夫在一本杂志上看到了关于一次性打火机的介绍，他花了很大功夫收集有关一次性打火机的材料，并设法买到一只一次性打火机进行研究。

研究结果显示，每只一次性打火机使用次数在1000次左右，成本不超过100日元，如果大规模生产的话，成本还会更低。与之相比，1000根火柴的售价是400日元。新田富夫觉得生产这种打火机利润非常可观。

于是，他决定在这个小东西上投入自己最大的热情。经过认真的思索，新田富夫开始与人合作生产，但由于技术方面的问题，没有成功。当时人们都退缩了，只有新田富夫坚持下来，他相信：越是没有人愿意干的事情，越是可以赚很多的钱。他不仅没有后退，反而信心倍增。

经过种种坎坷和磨难，最后功夫不负有心人，新田富夫终于攻克了技术难关，成功生产出了非常受欢迎的一次性打火机。这种一次性打火机，价格低，使用方便，很快成了全日本家喻户晓的品牌。

由此可见，能否发家致富，并不在于经营的是大产品还是小东西，也不在于是否有大本钱，小买卖里也蕴藏着无限的商机，把小事做好了也能够成就你的人生。

很多人都想发财致富，却苦于没有资本进行投资，因此迟迟不采取行动。在他们看来，只有本钱大才能赚大钱，小本经营只能是小打小闹，成不了气候。这样的观念是错误的，小本钱的创业者，一样可以成就万贯家财的基业，关键在于你首先要做好小事，并坚持下去。

一个成功的经营者说："如果你能真正制好一枚别针，应该比你制造出粗陋的蒸汽机赚到的钱更多。"

一个优秀的员工，不但要对企业做到忠诚，对工作做到负责，更要做到精益求精，有追求卓越的精神，能从小事上点滴积累，从而创造辉煌业绩。有了这种精神，你就足以让自己从平庸走向非凡，而且在事业的道路上一帆风顺。无论老板在或不在，只要这种精神不变，你就可以成为优秀的员工，并最终实现个人的成功。

第八章
超越工作岗位

对于我们所从事的工作，我们应当抱着积极的态度去做，不要有任何抱怨，这样才能做得更好。诚然，对于工作，我们难免会觉得厌倦，但若总是陷在抱怨中无法自拔，只能让自己的境况越来越糟。失去工作的激情，只会让人感到工作是一种负担，一种折磨。安德鲁·卡内基曾说："如果一个人不能从工作中发现出'罗曼蒂克'来，那么他要做出一番成绩简直是不可能的事。"

没有任何借口

杜尼嵩是西点军校的上校。从来到这里他就清楚，任何事都没有丝毫借口，做事找借口的人会被人耻笑，因此，每个人都坚持即使再难也不讲任何借口。他们认为凡事关键的是结果，而不是任何毫无意义的借口。他总是说："事情没有成功，只能说明你还不够努力，哪怕你遇到了再大的困难，也不能以此为借口为自己开脱。当自己没有完成任务时，要记得不找借口，要勇于承认自己的错误，承认是自己的原因而导致的失败，而不是为自己寻找种种借口。"

当杜尼嵩还是个中尉的时候，一次，他去外地执行任务，走之前连长给他交代了4件事：第一，向上级请示一件事；第二，见一个人；第三，把一件重要的东西交给一个人；第四，要申请一些军事用品，包括地图和酸酸盐。他知道完成前几个任务一点都不成问题。但是要将酸酸盐申请下来却非常困难，因为当时酸酸盐非常紧缺。

尽管如此，他没有讲任何无法完成的可能，没有为自己寻找任何借口，他只是在接到任务后，勇敢地向着任务前进。当时，他下定决心把任务完成，不管有任何困难也不放弃。因为这意味着一名军人的荣誉和尊严。

结果，当他向负责货物的中士提出需要酸酸盐时，这个中士冷冷地盯着他看了足足有5分钟，然后用很傲慢的口气说："敬爱的中尉，您难道不知道现在酸酸盐有多么紧缺吗？"杜尼嵩听了他的话，虽然感觉非常气愤，但还是忍住火气以很诚恳的态度请求道："我知道酸酸盐很紧缺，但是如果没有酸酸盐将会给连部造成很大的损失，请您体谅一下，哪怕很少的一点也可以。"他的话都说到了这个份上，可这个中士还是不依不饶地说了很多理由，大意是在酸酸盐缺乏的情况下拨出这种物资是多么不守军规，即使是极少的一点点。

当时，杜尼嵩气得无话可说。他知道即使酸酸盐很紧缺，可是拨出一少部分还是不算触犯规定的。他失望极了，不知道该如何向连长交待。当时跟随他一块去的士兵建议他回去后如实向连长汇报情况，这样连长也无法怪罪他们了。

但是，杜尼嵩并没有听从士兵的劝告，他在心中告诉自己不能放弃，他要争取，要凭着最大的努力去争取最后一点希望，于是他坚持自己的想法继续留了下来。这中间，他使用了各种办法跟中士周旋，简直是软硬兼施。最后，中士被他的敬业精神所打动，终于给他拨了一些酸酸盐。中士最后说："按照规定，这酸酸盐的确是不能拨给你的。但是你的精神让我感动，所以我宁愿冒着被上级批评的危险来帮你，就是感觉你是一个做事执著、不讲借口的人，你是一个真正的军人。"

不讲条件完成任务是西点军校铁的行为准则，在这里，如果一个人总是在完不成任务的时候寻找借口，那他就算不上真正的军人，他会被其他人所耻笑，会被认为是个没有出息的人。

做事不讲借口是任何事情成功的关键。美国成功学家格兰特纳曾经这样说："如果你有自己系鞋带的能力，你就有上天摘星的机会!一个人对待生活、工作的态度是决定他能否做好事情的关键。很多人在工作中寻找各种各样的借口来为遇到的问题开脱，并且养成了习惯，这是很危险的。"

做事不找任何借口，就是敢于承担责任的表现。不管遇到什么困难，都坚持永不放弃，不找借口，不为自己的失败而开脱，这是一种真正的敬业精神，这就是负责，是对工作的负责。

工作中难免会遇到一些难度较大的任务，这时我们感觉自己力不从心，无论如何都完成不了。于是在向上级汇报的时候就寻找各种借口为自己的失败开脱。这样一来，便很容易养成遇事找借口的习惯，在以后的工作中就很难认真去做了。

其实，只要你能摒弃一切借口，不去寻找借口，那么你就有希望获得成功。因为不找借口就是锐意进取的表现，是责任心的表现。一个积极进取、富有责任心的人无论如何都能克服一切困难，完成任务。所以要做一名优秀的员工千万不要找借口，把寻找借口的时间和能力用到努力工作中来，因为工作中没有借口，人生中没有借口，失败没有借口，成功属于那些不寻找借口的人。

美国总统杜鲁门有一句著名的座右铭："责任到此，请勿推辞！"想要做一个优秀的员工，就应该记住这句话，不管遇到什么困难，出现什么情况，都不找任何借口，而是努力创造条件把本职工作做好。

工作没有完成，如果要寻找借口，只要细心去找，总是会有的，而且每一个看起来都是那么成立。但是一旦养成了寻找借口的习惯，你就很难再千方百计地努力完成了。现在有许多员工不再是想方设法去争取成功，而是把大量的时间和精力放在如何寻找一个更合适的借口上。借口无所不在，关键我们是该寻找借口，还是该创造条件完成任务，这是一个员工必须考虑的问题，因为它关系到你能否成为最优秀员工的关键。

一个优秀的员工不会因为存在种种困难就为自己开脱，他会主动创造条件去解决难题，而不是拿借口来搪塞自己和自己的老板。

工作最重要的就是结果，无论任何工作，如果没有结果，就等于没有任何价值，那么所有的借口都只能显示你的无能而已。因此，只知道寻找借口的人是无法将工作做好的，也不可能得到老板的重用。

可是，反观现在的职场，有多少人总是在工作中抱怨，有多少人总是在不停地找借口？企业就是企业，企业生存的根本目的只有一个，那就是持续赢利。所以，在企业里面，容不得任何借口和抱怨，只有结果才是老板最想要的东西。

做事找借口的员工往往对自己的工作缺乏足够的责任心，他们从不想去承担任何责任，生怕做错了事让自己承担责任。因此，他们也没有在工作中磨炼自己、提高自己的愿望，更缺乏积极向上、艰苦奋斗的意志，缺乏面对困难挑战的勇气与承受挫折失败的心智。这些员工渴望享受的生活，渴望不负任何责任的任务，甚至期望能够不劳而获。

这样的员工最终害的是他们自己，由于他们惧怕困难，惧怕承担责任，因此，借口成了他们掩饰弱点、推卸责任的有效武器。有了借口，他们将许多责任推向别人，在劳累别人、牺牲别人中放松自己、保全自己。长此以往，他们只能慢慢地扼杀自己的才能，泯灭自己的创造力，无法让自己承担起重大的任务，只能沦落为无能之辈。所以，寻找借口的人无异于自我毁灭，借口使他们的生命枯萎，将他们的勇气断送，其一生只能做一个庸庸碌碌、无所作为的懦夫。

其实，任何一个工作，在它们困难重重的背后都隐藏着很多成功的机会。但是这些成功的机会只留给那些努力工作、克己尽职的人，而那些不敢负任何责任就想成功的人则永远无法获得成功的果实。

与其抱怨，不如适应

中国有句古话："随遇而安。"意思就是无论碰到什么样的环境都能尽快适应，不去抱怨，不去烦恼，让自己心态平和。在不如意的环境中要能够努力改变自己，从而适应环境，而不是进行毫无意义的抱怨。与其抱怨，不如改变。很多人在面临许多出其不意的事情时，总是首先抱怨，而不去改变自己，让自己学会适应。那些把不幸归咎于他人的人不能算得上一个完整的人。

理智的人不抱怨他人，而是从自身着手，尝试从自身开始改变，提高自我，直面现实，以一种负责的态度去做事。

很多时候我们对自己的工作有这样那样的不满，这个时候，你开始抱怨，却从不思考如何改变自己，让自己尽快适应工作，寻求更好的方法将工作做得更好。

汉克在一家公司做业务，他工作出色，是公司的业务精英，已经连续3年名列整个公司的第一名。按照惯例，业绩在公司前3名的员工可以获得3万元的年终奖，对此，他兴奋不已，想到曾经许诺给妻子的白金项链终于可以兑现了。

可是，在接下来的颁奖仪式上，他竟然没有听到自己的名字。"难道是公司忘记了？""怎么能忘记呢，我可是第一名啊！"汉克很不解又很气愤，他想一定是公司将他故意除名的。

汉克气冲冲地去找上司讨说法。刚进屋，他就大声嚷道："我可是连续3年的业绩第一名，为什么年终奖就没有我的呢？”上司看了一眼他愤怒的表情，很平静地说：“对，你说的没错，你是连续3年的冠军，你的业绩很出色。但是你的心态呢，你对工作的态度呢？你平时总是牢骚满腹，抱怨太多，这严重影响了其他员工的工作心态，给公司的团结局面造成了严重影响，而且还损失了一些客户。所以，你尽管业绩出色，但是也不能发给你足额的奖金，只能给你2万元。这只是你业绩的所得，要知道一个人的业绩不仅包括工作成绩，而且还包括工作的心态方面。”

汉克听了，觉得很是诧异，他没有想到自己平时漫不经心的牢骚话竟然都成了祸害的根源，而且给公司带来这么多的影响。他想到这些感到深深的愧疚，不禁低下了头。这时，上司走过来拍拍他的肩膀说：“没关系，把这次当成一个教训，努力去改正就好了，相信明年你会做得更好。”

很多员工总是时时刻刻在抱怨“我应该得到什么，但是实际上并没有得到”“我付出这么多，竟然得到这么少的待遇”等等，他们从不想到自己需要有哪些方面的改正，才能改变目前的现状。他们只知道抱怨，整天让自己活在抱怨里，这既影响了他人的心情，也让自己无法得到丝毫进步。

也许我们还记得3个建筑工人的故事。一个哲学家路经一处建筑工地时，看到3个工人在干活，就上前询问：“请问你们现在在做什么？”

第一个工人很生气地回答：“你这个白痴，你没有看到吗？我正在用这个该死的大铁锤来敲碎这些该死的大石头。我整天都在敲石头，每天手又酸又疼，这活儿简直不是人干的。”

第二个工人一脸无奈地说："要不是为了生活，为了每月那500元的工资，我才不愿意整天受这样的罪，做这种又粗又累的活儿。"

该第三个工人回答了，他没有显露出生气或无奈的神情，而是一脸笑容地回答："这里要建造一座雄伟华丽的大教堂，我正在为它的建成而努力，所以，我认为我正在干一件很有意义的事。教堂落成之后，很多人都会来这里瞻仰，想到他们虔诚的目光，我就觉得这份工作是献给上帝的礼物。"

这个故事中的3个工人都在做同样的一件事，但他们却有完全不同的工作态度，前两个工人一直在抱怨，对工作抱着不情愿的态度，而第三个人却热情满怀，认为这是件快乐而有意义的事。前两个人看法消极，认为自己的工作是个无尽的苦海，为了生存而无奈地工作，他们没有快乐，没有目标，整天浑浑噩噩地工作。而第三个人心态积极，他把工作当成一件快乐的事，总是充满激情地去做。面对艰苦的工作环境，他不是一味做毫无意义的抱怨，而是努力寻求一种解决的办法，那就是让自己去改变、去适应。

抱怨的人总是看见生活的灰暗，却看不到生活的美丽。海伦说："抱怨只会使心灵阴暗，爱和愉悦则使人生明朗开阔。"

可以肯定，几乎没有一个人对自己的生活感到美满，总有一些人活得不如意，我们可以随处就能找到时常抱怨的人。抱怨自己的专业不好，抱怨住房条件差，抱怨工作累，抱怨空怀一身绝技而没人赏识。人生确实难免有太多的不如意，就算生活给你的是垃圾，也不要抱怨，否则，它将成为你人生路上的包袱，毫无价值，拖累你前进。事实上，没有一种生活是完美的，也没有一种生活会让一个人完全满意。我们抱怨自己贫穷，羡慕有钱人，可是却不知有钱人也在抱怨他们的不如意。我们不是神仙，做不到让生活事事如意，但如果我们有一颗豁达的心则可以将人生的不如意都看开，那么我们就会活得比较洒脱。我们做不到从不抱怨，但我们应该让自己少一些抱怨，而多一些积极的心理去努力进取。如果抱怨成了一个人的习惯，就像搬起石头砸自己的脚，于人无益，于己不利，生活就成了牢笼一般，处处不顺，处处不满，最后成了一个无法卸下的心灵包袱；反之，积极的心态会让你明白，自由地生活着，其实本身就是最大的幸福，哪会有那么多的抱怨呢?

对于我们所从事的工作，我们应当抱着积极的态度去做，不要有任何抱怨，这样才能做得更好。诚然，对于工作，我们难免会觉得厌倦，但若总是陷在抱怨中无法自拔，只能让自己的境况越来越糟。失去工作的激情，会让人只感到工作是一种负担，一种折磨。安德鲁·卡内基曾说：“如果一个人不能从工作中发现出‘罗曼蒂克’来，那么他要做出一番成绩简直是不可能的事。”

抱怨只会让你看到工作的烦恼，发现不了工作的乐趣；抱怨会让你失去工作的热情，时常感到萎靡不振；抱怨让你无法真正融入团队，更不可能成为一个领导者。

只懂得抱怨的人无疑是自己葬送了自己的事业。所有的抱怨都不过是逃避责任的借口，是害怕承担责任的表现。一个成功的人无论如何都不会有丝毫的抱怨。不管是什么样的情况，他都会挺身而出，勇敢地去承担，而不是躲在事情的后面一味地抱怨。

长期的抱怨会使你失去对公司的忠诚，陷入一种无法自拔的萎靡情绪之中。抱怨让人无法抵挡其他的诱惑，更无法与企业共担风雨，当企业陷入困境时，那些抱怨一族就会快速转变嘴脸，另谋出路，到其他一些公司就职。这样的员工实际上已经在抱怨中失去了最起码的职业道德，因此，他们的事业之路必定不会顺畅。

而一名忠诚的员工，他不会抱怨，即使有很多不满，他也会埋藏在心底。因为他知道经营一家公司不是一件容易的事，在创业的道路上会面临种种困难，它们来自客户、来自公司内部，这些不顺利是难免的，也是一个企业成长之路上必然经受的。而且，作为企业领导人的老板自身也是人，因而难免会犯错。这时，如果对于老板的批评意见等无法理解，甚至陷入对立情绪之中，就很容易牢骚满腹，抱怨连连。

其实，只要你站到老板的位置考虑问题，你就会发现老板也有老板的难处。如果你能多替老板思考一下，设身处地地考虑问题，那么，种种抱怨都不会存在了。

因此，停止你的抱怨，才是真正可取的工作态度。

当老板交给你一项艰巨的任务时，当公司把你调到一个不景气的部门时，当你的所得跟付出无法成正比时，都不要抱怨，你所要做的就是尽量让自己尽快适应这种状况，从自身去找出现这种状况的原因，从而努力去改变，这才是明智的做法。

所以，面对职场中的不如意，我们要做的并非毫无意义的抱怨，而是让自己尽量去适应你所抱怨的事情。

服从是一种职责

服从是一种美德，这是任何一名员工都应该具备的素质。一个高效的企业必须拥有一批服从的员工，一个优秀的员工必须具备服从的意识。服从就是员工的天职，对于上司的交代，只能无条件地服从，认真去完成，绝不找任何借口，要有一种不达目的不罢休的决心，这才是真正的好员工。

我们都知道部队里纪律严格，每一个军人都要无条件地服从命令，不然就是不听指挥，就是违背军纪。在美国历史上，我们都知道有一个伟大的将军道格拉斯·麦克阿瑟，他一生战功显赫，可惜好景不长，他很快便被哈里·杜鲁门总统解除了职务。为什么呢？杜鲁门在解除麦克阿瑟将军的职务时说："我之所以要终止麦克阿瑟将军的政治生涯，不是因为我同麦克阿瑟将军的意见不合，也不是由于麦克阿瑟将军曾对我进行过人身攻击，而是由于麦克阿瑟将军总是不服从上级的命令。这是作为领导的我无法容忍的。"

在美国政坛，麦克阿瑟将军不服从上级命令是出了名的。20世纪20年代末，美国发生经济危机，这期间，很多退伍的军人及其家属到华盛顿请愿，要求政府发给他们现金津贴。当时人数众多，他们在大街上游行示威。面对这种场景，总统派当时任陆军参谋长的麦克阿瑟将军到现场阻止，但是有一个要求就是不准动用武力。但是，麦克阿瑟将军根本不予理睬，他想这种情况不动用武力简直无法解决，于是他擅自主张用军队驱散了这些游行示威的群众。这种行为激怒了这些退伍军人，他们一致严厉谴责政府的这种做法。

这种行为也激怒了杜鲁门总统，他简直气愤至极。但是面对这个有着出色军事才能的爱将，他也无计可施。第二次世界大战结束后，尽管对麦克阿瑟将军印象不佳，杜鲁门总统依然承认他的军事才能，对他委以重任，让他接管战败的日本帝国。很快，麦克阿瑟将军成了日本的绝对统治者，在这个期间，他对日本也作出了不小的贡献：他改革了日本的政治、经济，使日本基本消除了军国主义、法西斯主义，促使其很快走上了社会经济迅速发展的道路。这是件令总统感到很欣慰的事。但是好景不长，不久，麦克阿瑟就在没有经过总统批准的情况下，擅自将驻日美军削减一半。他的这个做法触怒了长久以来一直容忍他的杜鲁门总统，这令他大为恼火。还有一件事让杜鲁门对麦克阿瑟无比气恼：战争结束后，杜鲁门总统两次邀请麦克阿瑟将军回国参加庆典，都被麦克阿瑟回绝了，他的理由是：日本此时形势严峻，他无法脱身。

面对如此不服从命令的部下，杜鲁门总统最终忍无可忍，他再也不能无条件地包容这个总是不服从上级的部下了。于是，在1951年的4月份，他下令撤销了麦克阿瑟的一切职务。因为事先并未告诉麦克阿瑟，麦克阿瑟是从新闻广播中得知这个消息的。没有任何思想准备的麦克阿瑟顿时傻了眼，他不知道为什么一向包容他的总统对他做出这样的决定，但一切为时已晚。他找到总统，不解地问他为什么要这样做，总统说："你已经不再是个军人，因为你总是无法执行军人的命令。"

服从永远是军人的天职，一个不懂得服从的部下就不是一个好部下，对于这样自以为是的部下宁可不要，也不能任其违背上级的命令。服从不仅是在战场上听从指挥官的命令，在其他任何团体都应该执行上级的命令。在学校，学生要听从老师的指令，这是服从；在军队，士兵要听从军官的指令，这是服从；在公司，员工要听从老板的指令，这也是服从。服从是部下的职责，一个不能够服从领导的部下就是一个对工作不负责任的部下。“上级指挥下级，下级服从上级”这是理所当然的道理，也是一个团队的管理制度。如果不能遵守这一点，就容易造成整个团体的松散，使其无法按照正常的轨道行事，这样一来就使得团队没有凝聚力，缺乏有效的执行力。如果每个下级都违抗上级的命令，我行我素，按照自己的想法办事，这样就无法使很多规章制度执行下去，就会形成非常松散的局面。

服从永远是保障一个团队凝聚力的重要因素。在一个团队里，如果下属不能无条件地服从上司的命令，那么在通向共同的目标时，则会产生巨大的障碍，无法顺利走向成功；反之，如果能严格按照上司的命令行事，则能发挥出超强的凝聚力，使团队共同走向胜利。

任何服从都是不讲条件和借口的，讲条件和借口就不是服从。服从就是要完全按照上司的意思行事，不找借口，不讲条件，严格执行。有的员工在接到任务时，总是寻找种种借口来解释自己办不到的原因，这样的结果只能使老板认为你缺乏服从意识，不能执行自己的命令，长此以往，只能招致领导的厌烦。其实，领导要的是结果，你只要严格去服从，不找借口，尽力去完成，就能赢得老板的心。

有的员工会说：“如果老板的决策是错误的，也要无条件服从吗？”

是的，即使是错的，也要完全服从，因为上司总是对的，他的决策永远都是正确的，你只要完全遵从他的意思做事，就不会错。每个人的观点都不可能是相同的，而且每个人都认为自己的观点是正确的，一般很难赞同别人的观点，这是人的共性。因此，你自己认为正确的观点很可能就是错误的，而你认为错误的观点很有可能就是正确的。那么，你就不要总是一味坚持自己的观点，这个时候，完全服从老板，按老板的观点做事就是最明智的选择。

没有服从意识的员工算不上真正优秀的员工，即使他才华出众，能力非凡，没有服从意识也无法顺利地向自己的人生目标迈进，还有可能招致领导的厌烦。因此，要时刻记住服从才是最重要的素质。公司在每个阶段都有自己的计划，而计划的执行者是公司中的每一个员工，所以，执行能力的提升对于公司战略目标的实现具有重要的意义。要在自己的实际工作中锻炼自己的执行能力，要明白你是决策的执行者，不是制定者。哪怕你不能完全赞同上司的决策，也要无条件地去服从，严格执行。你所要做的就是在发现上司的决策是错误的时候，尽自己最大的努力将错误降到最低，及时挽回错误，这才是你应该做的。

黑格将军是尼克松总统的爱将，他之所以被尼克松看中，就是因为他的服从精神和负责的做事态度。西点军校的一位上校说："上司的命令就像大炮发射出的炮弹，在命令面前你没有任何选择的余地，只有无条件服从。"

服从是一种工作职责，是作为一名员工的本职所在。老板招聘员工是来帮他解决问题的，而不是制造问题的。因此，服从老板的命令就是帮老板解决问题，反之就是制造问题。不服从的人往往招致老板的厌烦，因为不服从就意味着反抗，意味着自以为是，意味着目中无人，这样的员工是老板最讨厌的员工。还记得三国时期的杨修吗？杨修就是因为太过自负，常常不服从曹操的命令，因而被恼羞成怒的曹操砍了头。不服从，轻则使得老板对你厌烦，重则影响到你事业的前途。因此，不服从是职场上的大忌。

那么，最高级的服从艺术就是不管做任何事情，遇到任何困难，都要无条件地服从。

今天工作不努力，明天努力找工作

古语说：“生于忧患，死于安乐。”就是说人要有忧患意识，具有忧患意识的人才能生存下来，没有忧患意识的人则会在安乐的环境中走向灭亡。

安逸舒适的环境会削减人的意志力，让人失去奋斗的动力和忧患的意识。当一个人长期处于舒适安逸的环境时，就有可能忽略一些极微小但会造成巨大后果的事情，直至分崩离析。有一个“煮青蛙的实验”，就很清晰地说明了这个道理。

把一只青蛙放在滚烫的沸水中，它会立刻挣扎着想要跳出来。但是如果把青蛙放在温水中，它将待着不动。如果慢慢将水加温，当温度从华氏70度升到80度，青蛙仍显得若无其事，甚至自得其乐。可是，当温度慢慢上升时，这个自得其乐的青蛙将变得愈来愈虚弱，接着在水中无法动弹，直到被煮熟。

还有一个例子也说明了忧患意识的极大作用。挪威渔民常常出海捕沙丁鱼，如果抵港时鱼仍活着，卖价要比死鱼高出许多倍。因此，千方百计让鱼活着返港成了渔民们的最大愿望。但是，事实证明这是不可能实现的事，他们尝试了很多办法，付出了种种努力，最后都失败了。其中，只有一艘渔船总能带着活鱼回到港内，收入丰厚。这究竟是什么原因？他们采用了什么办法呢？其他渔民一直未明。后来，这艘船的船长生病临死之际，将这个埋藏了多年的秘密向大家吐露了出来。原来秘密就在于一条大鲇鱼。这艘船捕了沙丁鱼后，在返港之前，每次都要在鱼槽里放一条大鲇鱼。在沙丁鱼里放入鲇鱼，这究竟有什么用呢？这个利用的就是忧患意识的原理。原来鲇鱼进入鱼槽后由于环境陌生，自然四处游动，到处挑起摩擦，而大量沙丁鱼发现多了一个“异己分子”，自然也会紧张起来，加速游动。这样一来，沙丁鱼就会在大鲇鱼的追赶下一条条活蹦乱跳地活着到了渔港。

青蛙在舒服的温水中渐渐死亡，而沙丁鱼在敌人的追赶下活了下来，这两个例子说明了安逸的环境对人的意志力的摧残，而危险的环境对人则会起到巨大的督促作用。安逸使人忘记了身边的危机和痛苦，最后当危机来临时依然意识不到，最终走向灭亡；危机使人对前进的目标奋起直追，不敢有丝毫的松懈，让危险时刻提醒自己不要忘记努力，最终达到目标。

这个道理在工作中同样适用，在工作中，员工要有忧患意识，要时刻有一种危机感，用这种危机感督促自己努力工作，才不致在职场中遭受被淘汰的下场。

“今天工作不努力，明天努力找工作”，就是对工作的忧患意识，也是对自我发展的负责态度。如果在今天你不努力工作，没有工作的危机感，那么你就可能被淘汰，接着再去努力找新的工作。将来，为了让工作顺利，不至于失业，你就要时刻为自己施加压力，以压力督促自己不停向优秀靠近，提醒自己不至落后。压力就是动力，它能使你保持激情，努力做到更好。

比尔·盖茨有一句话：“离微软倒闭永远只有100天！”这样一个很有实力的企业依然有如此强烈的忧患意识，以忧患意识警醒自己不断提高、不断进步，那么作为员工的我们还有什么理由不提醒自己：

“离失业永远只有一天！”

在职场中，我们必须对生存环境保持清醒的认识，要时刻告诉自己：如果现在我不努力工作，那么明天我就可能失业。

多年前，日本本田公司总经理本田先生正在为一个问题犯愁：要如何才能使自己的企业充满活力，富有激情呢？经过对欧美企业进行考察，他发现许多企业的人员基本上由三种类型组成：一是不可缺少的干才，约占二成；二是以公司为家的勤劳人才，约占六成；三是终日东游西荡，拖企业后腿的蠢才，占二成。看一下自己公司的人员，缺乏进取心和敬业精神的人员占多数。于是，他就思考：如何使前两种人增多，而使第三种人减少呢？对第三种类型的人员不能实行完全的淘汰，因为这样一方面会受到工会方面的压力，另一方面，又会使企业蒙受损失。其实，这些人也并非毫无可取之处，他们也能完成工作，只是他们工作积极性不高，不够努力，所做的工作与公司的要求与发展相距远一些，如果能激发他们的工作积极性，那么就有希望使整个局面得到改观。

他找来了自己的得力助手副总裁宫泽，希望他能给自己一些建议。宫泽先生认为，要使这批人能够更加努力一些，就要增加他们的危机感，使他们有忧患意识。从而激发他们的进取心和敬业精神，焕发他们的活力，特别是企业各级管理人员的活力。公司必须想办法使各级管理人员充满活力，即让他们有敬业精神和进取心。

本田问道：“那么，该如何使他们有忧患意识呢？”宫泽就给本田讲了一个故事，这个故事就是上面所提到的挪威人捕沙丁鱼的故事。

最后，宫泽说道：“其实人也一样，一个公司如果人员长期固定不变，就会缺乏新鲜感和活力，容易养成惰性，缺乏竞争力。只有外有压力，存在竞争气氛，员工才会有紧迫感，才能激发进取心，企业才有活力。”这时本田接着说：“那我们就找一些外来的‘鲇鱼’加入公司的员工队伍，制造一种紧张气氛，发挥鲇鱼效应。”

曾经，有一位资深职业专家指出：现在职业的半衰期越来越短，如果那些目前看似拥有不错职业的人不学习，不及时充实自己，不能让自己与行业发展保持同一起跑线，那么几年之后，他们就会变成低薪甚至失业人群。这绝非危言耸听，其实，任何事物的发展规律都是如此，新事物永远都要代替旧事物，优胜劣汰一直是不变的真理。看一下我们现在所用的物品，比如车子、房子，再过几年之后它们的价值就会跌落。

这个道理很简单，具体到工作中，也是如此。当100个人只有1个人有计算机等级证书时，他的优势是显而易见的，在找工作上也势必不会落后于别人。而当100个人中已经有90个人有这种证书时，他的优势已经不复存在。与别人拥有同样的东西，就等于与别人站在同一个起跑线上，不但不会成为优势，还有危险成为最落后的那一个。

因此，时刻努力，让自己保持优秀状态，是一个人立足职场的根本法宝。不管何时何地，让自己走在最前端永远不会错，才能永不落伍，才能避免被淘汰的危险。

如今职场竞争激烈，要想保住自己的饭碗，就要努力工作，就要有危机意识，就要时刻提醒自己“今天工作不努力，明天努力找工作”。其实，努力工作一方面为他人创造了利润，同时也实现了自己的价值，给自己带来了精神上的满足。一切工作，只有勤奋努力、苦心钻研，才能获得更高的收益，才能更好地实现个人的自我价值。

有些人平时不努力工作，总是寄希望于机遇，希望天上掉馅饼的好事。可是，这种“机遇”“好事”并不是谁都有可能碰上的。就像中彩票一样，几万人里面才只有那么几个人有希望中奖。依靠侥幸心理来实现成功是非常渺茫的，要想获得成功，最现实也最可靠的办法还是踏踏实实地努力工作，用自己的辛勤劳苦换来成功的果实。

还有一些人在工作岗位上不认真工作，敷衍了事，成绩平平，不追求卓越，不积极向上，缺乏十足的干劲。他们总是想：我的工作虽然做得不是最好，但也不是最差，因此无论如何裁员都不会裁我。这样的员工思想里没有危机感，工作自然也就没有干劲。可是，只有当他们到了失去工作的时候，才懂得努力的重要。

其实，如果你能再努力一把，你就拥有了成为优秀员工的潜能，拥有被委以重任的机会，就会打开升迁和加薪的大门。

认真地做好自己平凡的工作，把平凡做成伟大，与其说是由个人的才能决定，不如说取决于个人的进取心态。

一分付出，一分收获。付出多少，得到多少，这是众所周知的因果法则。也许你的投入无法立刻得到相应的回报，但是不要气馁，你要相信只要你一如既往地工作，主动多付出一些、多努力一些，回报将会以出人意料的方式出现。

善于抓住机会

同样的世界，同样的时间，为什么有人成功有人失败？有位哲学家曾说：但凡成功的人们都有着一双善于发现机遇的慧眼。机会在每个人面前都是一样的，只在于你是否发现了它并且将其紧紧抓住。

我们来看一下华人首富李嘉诚是如何抓住机遇的。

20世纪50年代，李嘉诚创办了生产玩具和家用产品的塑胶厂。刚开始，厂子小，资本薄，他一人要身兼数职，工作很是辛苦。

这时，随着塑胶玩具在国际市场上日趋饱和，塑胶产品已经没有足够的市场空间，而李嘉诚的工厂也已经到了无法再生存下去的危险边缘。因此，他必须选择一种在市场中具有竞争力的产品，来救活企业，从而实现其塑胶厂的“转轨”。

机遇偏偏在李嘉诚一筹莫展的时候悄悄地来了，其实是他自己发现的这个机遇。一天，李嘉诚随手翻阅着一些杂志，在一本英文版的《塑胶》杂志里，他看到了一行文字这样写道：“意大利一家公司用塑胶原料设计制造的塑胶花即将倾销欧美市场。”

机会来了，凭着李嘉诚多年经商的敏锐嗅觉，聪颖的他一眼便感觉到了命运转轨的机会。在他脑海里，立即出现了以下这些想象：现在是和平时期，人们在物质生活有了一定保障后，肯定会开始对精神生活有更高的要求。所以花草理所当然受到人们的喜爱。但是种植花卉的弊病太多，一是要每天浇水、除草，而且花期短；二是人们生活节奏越来越紧张，二者很不协调。而如果有一种永远不用施肥浇灌的塑胶花，那么生活将会是什么样子呢？很明显，有了塑胶花就可以达到既价廉，又美观的目的，还能美化人们的生活。想到这里，李嘉诚兴奋地预测着：一个塑胶花的黄金时代即将来临。

在机会面前，聪明的李嘉诚紧紧抓住这个机会，决心发展塑胶花产业。李嘉诚在香港快人一步研制出塑胶花，填补了香港市场的空白。但是在定价上，李嘉诚表现出了卓越的商人气质，那就是独到的先见之明。按理说，物以稀为贵，卖高价在情理之中。但是李嘉诚认为塑胶花工艺并不复杂，所需成本应该很低，因此长江厂的塑胶花一面市，其他塑胶厂一定会在极短时间内跟着模仿上市。倒不如在人无我有的极短的第一时间，以低价位迅速抢占香港的所有塑胶花市场，一举打出长江厂的旗号。而产品一旦畅销，那么势必促进生产增多，这样比“居奇为贵”更符合商界的游戏规则。如此一来，即使效颦者风涌，长江厂也早已站稳了脚跟，长江厂的塑胶花也深深植入了消费者心中。

之后，长江工业公司迎来了香港塑胶花制造业最为辉煌的时期。这时，塑胶花也开始在外国畅销，就连中、下等家庭也开始插花。

因为一本书，因为书中的一句话，因为一个创意，因为一个机遇，李嘉诚一跃而成为整个塑胶花市场的领军人物。繁荣的塑胶花市场，为李嘉诚带来了数以千万港元计的利润，也带来了塑胶界的注目。李嘉诚被誉为“塑胶花大王”，“长江”也从此成为世界上最大的塑胶花制造基地。

即使是身处逆境，但只要善于发现机遇，并坚决地抓住机遇，那么成功的大门就会为你而开。

有人认为，机会是打开成功大门的钥匙，一旦有了机会，便能稳操胜券，走向成功。但事实并不尽是如此，无论做什么事情，就是有了机会，也需要不懈的努力，这样才有成功的希望。

不知大家是否看过林肯的传记，是否了解他幼年时代的境遇。幼年时代的林肯住在一所极其简陋的茅舍里，生活异常艰苦。他的住所距离学校非常远，他每天坚持走二三十里路去上学。一些生活必需品都很缺乏，更谈不上有报纸、书籍可以阅读了。然而就是在这种情况下，为了能借几本参考书，他不惜步行一二百里路。到了晚上，他靠着燃烧木柴发出的微弱火光来阅读……林肯仅仅受过一年的学校教育，在艰苦的环境下他能一跃而成为美国历史上最伟大的总统，这说明了什么道理呢？

只能是机遇，除了机遇使他走向成功，难道还有别的吗？也许很多人都会如此说。但是看看我们身边的很多人，那些一遇到困难就叫苦连天的所谓的苦命人，难道林肯当时所处的环境比现在还要好吗？如果在困境中，林肯说“我没有机会”，或者只是一味等待老天将好运带到他头上，这位生长在穷乡僻壤茅舍里的孩子，如何能入主白宫，成为美国总统？然而，社会发展到现在，却有许多出生于良好家庭环境的孩子，吃得好、穿得好的孩子们，却反而不如一个茅舍里成长起来的苦孩子。当在社会上碰壁之后，他们总是一味地向外界找原因，抱怨社会制度的弊病，抱怨是这个社会不给他们成功的机会。可是，为什么却有那么多人在同样一个环境里也成功了呢？难道他们的机会与这些所谓没有机会的人有天壤之别吗？

因此需要明白的是，不是没有机会，而是你没有发现并及时抓住机会，让机会一次次地溜走了。

职场如战场，要在强手如林的竞争中抓住事业发展的机遇，从而开发自己的潜能，实现自己的人生价值，不仅需要具备良好的知识、素质和能力，还需要有一双善于抓住机遇的眼睛。

职场中处处隐藏着机遇，可是遗憾的是，很多人只是在无聊、枯燥中日复一日，却很难看到蕴藏在身边的机遇。其实，无论你多么幸运，机遇都需要靠自己的双手来挖掘、来创造。机遇是通过自己的奋斗取得的，而不是纯粹巧合或幸运的因素。

有个年轻人尚未毕业就去一家大公司应聘，他想知道自己的实力到底有多大。而该公司并没有刊登过招聘广告。总经理表示出对此事的不理解，年轻人用不太娴熟的英语解释说自己是碰巧路过这里，就贸然进来了。总经理觉得这个年轻人很有胆量，于是破例让他一试。最后，面试的结果很是糟糕，年轻人甚至对自己的专业知识都不熟悉。总经理遗憾地表示他不能被录用，这个年轻人就很焦急地向总经理解释是事先没有准备。总经理以为他不过是找个托词下台阶，就随口应道："等你准备好了再来试吧。"

一周后，年轻人再次走进该公司的大门，这次他依然没有成功。但比起第一次，他的表现要好得多。总经理给他的回答仍然同上次一样："等你准备好了再来试。"就这样，这个青年先后5次踏进这家大公司的大门，最终被公司录用，成为公司的重点培养对象。

成功永远属于那些富有奋斗精神并善于抓住机会的人，而不是那些一味等待机会的人。应该懂得，机会在于创造而不在于等待。等待只能蹉跎岁月，它对成功毫无益处。如果认为个人发展机会掌握在他人手中，那么他将会永远与机会无缘。机会包含于每个人的行动之中，包含在每个人艰苦奋斗的过程中，正如未来的橡树包含在橡树的果实里一样。

热爱你所从事的工作

世界上最伟大的推销员乔·吉拉德，连续12年荣登“世界吉斯尼纪录大全”世界销售第一的宝座。他保持了连续12年平均每天销售6辆汽车的世界纪录。

人们都无不惊叹他何以取得这样突出的成就?

有一次，有个人问他是干什么的，吉拉德说自己是汽车推销员。

听到回答后，对方不屑一顾：“你是卖汽车的啊。”

乔·吉拉德看出对方的蔑视，于是他大声说：“是啊，我以自己是个推销员为荣，我爱我的工作。”

《致加西亚的信》中的主人公罗文说，当他一穿上军服，就会顿时充满无穷的力量，仿佛一匹随时奔向草原的烈马：四肢有力，目光锐利，头脑活跃。一旦接受了某项任务，他就会全心全意地去完成，任何困难都难不倒他。因为他热爱这份工作。这就是理由。

在把信送给加西亚之前，他已经完成了几项看起来不可能完成的任务，这也就是为什么中情局局长阿瑟·瓦格纳上校如此肯定地说，如果有人能把信送给加西亚，那么他就是罗文。

把工作当成自己的爱人，用全部身心去爱它、呵护它，把这种付出当成一种享受。干一行，爱一行。干工作一定要喜欢，你越是抱着快乐的心情去工作，你就越能够发挥自己的优势，你的工作就越会卓有成效。

但需要注意的是，把工作当成享受的前提，必须是喜爱这份工作才行。如果根本就不喜欢自己的工作，那么想要在这个行业做大做强，简直是不可能的。因为不喜欢你的工作，就算你的表现非常好，也不会一直坚持下去。

你热爱你目前的工作吗？你热爱的工作是什么？你找工作时把什么列为最重要的因素？待遇？发展空间？还是宽松的环境？

有的人依据外在的条件找工作，比如较高的待遇，较好的环境，较有素质的老板。可是你找工作不会是在找钱，也不是在找环境，更不是在找老板。有的人依据内在的条件找工作，比如是否符合自己的特长，是否符合自己的兴趣，职位是否有发展前途，公司是否有更高的发展空间，公司实力如何等……这些才是一个人找工作时更应该重视的问题。

我们大多数人都犯了一个同样的错误，那就是总是依据待遇或者公司的名气来找工作。“工作就是为了挣钱，不是吗？”有人总是这样质问。可是，如果你的特长和兴趣在绘画上，而让你去搞写作，即使给你开出再高的待遇，你会去吗？即使你去做的话，也会感到枯燥无味，不仅做不好，反而有被辞退的危险。这样一来，别说拿到较高的待遇，就连正常的待遇都不可能拿到了。所以，找工作还是找跟自己兴趣特长相符合的来做，这样才能做得更好，才能更有前途可言。

世上的职业千万种，而你只能从事一种，不管这份职业被外人认为是高级还是卑贱，我们自己都要首先热爱自己的工作才对。成功的起点是首先要爱自己的职业。就算你是掏大粪的，如果你喜欢，关别人什么事呢？从现在起，不要再隐瞒，应该让尽可能多的人知道你在做什么，这样做无疑增加了很多成功的机会。

路是自己选的，我们都要忠于自己的选择，除非事实证明你选择错了，否则就应该义无反顾地往前走。选择了自己所爱的事业，我们就要热爱自己所做的事。不论他人怎么看，我们都要盯住这个值得我们爱的地方，努力把它打造得更完美。只有这样，我们才能对工作充满激情和创造性，在前进的道路上把一个个拦路虎挑落马下。

戴尔·卡耐基是20世纪最伟大的成功学大师，美国现代成人教育之父。他说："除非喜爱自己所做的事，否则永远也无法成功。"

乔·吉拉德对工作是这样做的：为了让接触过的人记住自己，每月大约要寄出1.6万张印有自己名字的卡片，他认为这些卡片与一般的垃圾邮件不同，因为它们充满爱，而他自己每天都在发出爱的信息。

每天下班后，吉拉德都要总结当天的收获和缺憾，集中精力反思自己的行为，看哪里还需要改进。不管发生什么不如意的事，他都始终不气馁，并且在第二天仍然信心百倍、充满热情地去工作。

有的人总是认为工作是辛苦的，要不是为了生存，谁会辛辛苦苦地工作啊？所以，热爱根本就谈不上。这些人以为工作和享受是两个完全不同的事情，工作是辛苦的，人们不得不从事工作是为了赚钱，而享受快乐却是要花钱的。

即使你的处境再不如人意，也不应该厌恶自己的工作，世界上再也找不出比这更糟糕的事情了。如果环境迫使你不得不做一些令人乏味的工作，你应该想方设法使之充满乐趣。用这种积极的态度投入工作，无论做什么，都很容易取得良好的效果。

人可以通过工作来学习，可以通过工作来获取经验、知识和信心。你对工作投入的热情越多，决心越大，工作效率就越高。当你抱有这样的热情时，上班就不再是一件苦差事，工作就变成一种乐趣，就会有许多人愿意聘请你来做你所喜欢的事。工作是为了让自己更快乐。如果你每天工作8个小时，你就等于在快乐中生活，这是一个多么划算的事情啊！

而那些被今天的人们称为“白领”或“金领”的大公司员工，他们虽然有着较高的薪水，但是却很少有几个真正热爱并能享受自己的工作的人，为什么？因为他们是孤独而没有快乐的人，因为他们的工作搞垮了他们的健康——身体的和心理的双重摧残。许多在大公司工作的员工，他们拥有渊博的知识，受过专业的训练，他们朝九晚五穿行在写字楼里，有一份令人羡慕的工作，拿一份不菲的薪水，但是他们并不快乐。他们是一群孤独的人，不喜欢与人交流，不喜欢星期一；他们视工作如紧箍咒，仅仅是为了生存而不得不出来工作；他们精神紧张、未老先衰，常常患一些身体和神经方面的疾病，他们的健康真是令人担忧。

其实，如果学会自我调节，学着在压力中寻找快乐，你就会发现所有的工作都有它的可爱之处。如果你开始觉得压力越来越大，情绪越来越紧张，在工作中感受不到乐趣，没有喜悦的满足感，就说明有些事情不对劲儿了。如果我们不从心理上调整自己，即使换一万份工作，也不会有所改观。

凯撒说:“我的母亲最先教给我对人的热爱和为他人服务的重要性。她常说，热爱人和为人服务是人生中最有价值的事。”

如果一个人鄙视、厌恶自己的工作，那么他必遭失败。引导成功者的磁石，不是对工作的鄙视与厌恶，而是真挚、乐观的精神和百折不挠的毅力。

不管你的工作是怎样的卑微，都当付之以艺术家的精神，应当有十二分的热忱。这样，你就可以从平庸卑微的境况中解脱出来，不再有劳碌辛苦的感觉，厌恶的感觉也自然会烟消云散。

如果你能全心全意地投入自己的热情，将个人兴趣和自己的工作结合在一起，那么你的工作将不会显得辛苦和单调。兴趣会使你的整个身体充满活力，使你在睡眠时间不到平时一半、工作量增加两三倍的情况下，也不会觉得疲劳。